100% HAMBURG

SPAZIERGANG 1: ALTSTADT, NEUSTADT & ST. GEORG
Das Zentrum Hamburgs präsentiert sich mit stolzen Gebäuden, Luxus-Einkaufsstraßen, guten Restaurants, der schönen Alster und vielen Museen. Es bietet aber auch Überraschungen wie St. Georg, das quirlige Schwulenviertel mit vielen gemütlichen Kneipen.

SPAZIERGANG 2: HAFENCITY & SPEICHERSTADT
Ein größerer Kontrast zwischen zwei Vierteln ist kaum denkbar: das ultramoderne, gigantische Bauprojekt Hafencity und gegenüber die alte Speicherstadt mit ihren historischen Lagerhäusern. Was beide verbindet, sind die schönen Uferpromenaden und eine urban-maritime Atmosphäre.

SPAZIERGANG 3: SCHANZENVIERTEL & KAROLINENVIERTEL
Das Schanzenviertel gehört zum hippen Hamburg. Hier brodelt das Leben in zahllosen Bars und Cafés. Trotz der Kommerzialisierung ist die alternativ-linke Szene um die Rote Flora noch immer präsent. Das Karolinenviertel ist kreativ, weniger touristisch und voller hübscher Läden.

SPAZIERGANG 4: EIMSBÜTTEL, EPPENDORF, HARVESTEHUDE & ROTHERBAUM
Hier liegen die schicken Wohnviertel mit weißen, herrschaftlichen Häusern, aber auch die Universität. Keine typische Touristengegend, aber deshalb umso netter. Es wimmelt hier von exklusiven Geschäften und tollen Kneipen. Und für das gepflegte Nichtstun ist die Alster in der Nähe.

SPAZIERGANG 5: ALTONA & OTTENSEN
Altona lockt mit dem Elbufer, dem spektakulären Fischmarkt, vielen Fischrestaurants und dem Altonaer Balkon mit seiner grandiosen Aussicht. Zwischen den jungen Kreativen im aufstrebenden Ottensen gibt es ausgefallene Läden und angesagte Bars zu entdecken.

SPAZIERGANG 6: ST. PAULI
Auf der berüchtigten Reeperbahn, die niemals schläft, tobt das wilde Nachtleben. Dieses alte Seemannsviertel ist alternativ, politisch und kreativ. Gleich um die Ecke liegt die Elbe mit den berühmten Landungsbrücken sowie Horden von Touristen, die sich hier zur Hafenrundfahrt einschiffen.

1 0 0 % H A M B U R G

Hamburg meine Perle: Die Einheimischen wissen es schon lange, aber für viele ist diese Perle noch ziemlich unbekannt. Es gibt so viel zu entdecken, doch wo fängt man an? Natürlich gehören der "Michel", also die Kirche St. Michaelis, eine Hafenrundfahrt, traditionelle Seemannskost und ein langer Abend auf der Reeperbahn dazu. Aber auch ein Bummel durch das spannende Ottensen, ein morgendlicher Besuch des Fischmarkts und eine romantische Bootsfahrt auf der Alster sind sehr zu empfehlen. Der 100% Guide zeigt Ihnen ganz genau, was Sie auf keinen Fall verpassen sollten. Sightseeing & Shopping, Ausgehen & Abenteuer - die übersichtlichen Stadtpläne weisen Ihnen den Weg.

AUF 6 SPAZIERGÄNGEN 100% HAMBURG ERLEBEN.

Inhalt

100% übersichtlich

Entdecken Sie 100% Hamburg auf sechs Spaziergängen. Jedes Kapitel im 100% Guide ist einem Spaziergang gewidmet. Am Kapitelende finden Sie eine Karte mit der Kurzbeschreibung des Spaziergangs. Auf der Karte in der vorderen Umschlagklappe sehen Sie die sechs Kartenausschnitte im Überblick. Dort finden Sie anhand der Buchstaben Ⓐ bis Ⓩ alle Hotels sowie die Sehenswürdigkeiten und Ausgehtipps, die nicht auf einem der Spaziergänge liegen.

In den sechs Kapiteln beschreiben wir ausführlich, welche Sehenswürdig-keiten Sie auf den Spaziergängen entdecken können und wo man gut essen, trinken, shoppen, feiern und relaxen kann. Alle Adressen sind mit einer Nummer ① gekennzeichnet, die Sie im Stadtteilplan am Ende des Kapitels wiederfinden. An der Farbgebung der Nummer können Sie erkennen, zu welcher Kategorie die jeweilige Adresse gehört:

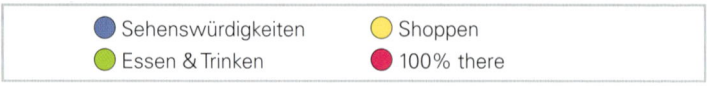

● Sehenswürdigkeiten　● Shoppen
● Essen & Trinken　　　● 100% there

SECHS SPAZIERGÄNGE

Die Spaziergänge dauern ohne Besuch der genannten Sehenswürdigkeiten zwischen eineinhalb und drei Stunden. Die Länge des Spaziergangs hängt natürlich auch von der relativen Größe des jeweiligen Stadtteils ab, wie Sie anhand der Übersichtskarte in der vorderen Klappe feststellen können. Auf den einzelnen Stadtteilplänen sehen Sie den genauen Verlauf der Route und können deren Länge anhand des Maßstabes ungefähr bestimmen. Die Wegbeschreibung links neben dem Stadtplan führt Sie entlang der Sehenswürdigkeiten zu den schönsten Adressen. So entdecken Sie fast nebenbei die besten Shopping-Gelegenheiten, die nettesten Restaurants und die angesagten Cafés und Bars. Wer irgendwann keine Lust mehr hat, der Route zu folgen, kann aufgrund der ausführlichen Tipps und Pläne auch wunderbar auf eigene Faust Entdeckungen machen.

PREISANGABEN FÜR HOTELS UND RESTAURANTS

Um Ihnen eine Vorstellung von den Preisen in den Hotels und Restaurants zu geben, finden Sie bei den Anschriften stets auch die Preise. Die Angaben für

Hotels beziehen sich auf ein Doppelzimmer mit Frühstück pro Nacht, es sei denn, es ist etwas anderes angegeben. Die Angaben für die Restaurants nennen - wenn nicht anders verzeichnet - den Durchschnittspreis eines Hauptgerichts.

TRADITIONEN

Moin Moin! Diese Begrüßung gilt hier den ganzen Tag. Es ist Plattdeutsch, ein mit dem Friesischen verwandter Dialekt, und bedeutet "schön". Nicht viele Hamburger sprechen den Dialekt, die meisten streuen hier und da nur einzelne Wörter ein.

Die Hamburger sind echte Lebensgenießer und lieben es, essen zu gehen. Die meisten Lokale bieten Frühstück an, besonders beliebt aber ist das Brunchen, auch während der Woche. Zwischen 9 und 14 Uhr sind die meisten Büfetts geöffnet. Die Qualität stimmt eigentlich immer, nur die Preise sind sehr unterschiedlich (5 - 15 Euro). Kinder bis zu sechs Jahren frühstücken und brunchen häufig gratis mit. Von 12 bis 15 Uhr gibt es in vielen Restaurants Mittagstisch, der oft viel günstiger ist als die Abendkarte. Von 15 bis 18 Uhr ist es Zeit für Kaffee und Kuchen, und die Freunde der Kaffeetafel strömen zahlreich in die entsprechenden Lokale. Abends gibt es internationale Spezialitäten, auf den meisten Menükarten in Hamburg spürt man aber auch den Stolz auf die norddeutsche Küche. Die hippsten Restaurants lassen sich immer mehr von den alten Seemannsgerichten inspirieren und servieren zum Beispiel moderne Versionen des Labskaus (Kartoffelpüree, Pökelfleisch, Zwiebeln und Rote Beete mit Hering und Spiegelei).

Die Restaurants in Hamburg sind inzwischen alle rauchfrei, auch die Cafés, Kneipen, großen Clubs und Cocktailbars. In kleineren Clubs, Kneipen und Cafés darf bis auf ein paar Ausnahmen noch geraucht werden.

Viele Kneipen und Restaurants haben keine festen Schließzeiten. Bei den entsprechenden Adressen in diesem 100% Guide ist jeweils nur angegeben, wann die Lokale öffnen. Geschäfte sind montags bis freitags bis etwa 19 Uhr geöffnet, im Zentrum bis 20 Uhr. Samstags schließen die meisten Läden um 16 Uhr. Am Sonntag sind alle großen Geschäfte und Supermärkte geschlossen. Lediglich an den großen Bahnhöfen sind die Läden auch sonntags geöffnet.

NATIONALE FEIERTAGE

An den Feiertagen sind auch in Hamburg die meisten Läden geschlossen und die Öffnungszeiten der Sehenswürdigkeiten können abweichen. Neben den variablen kirchlichen Feiertagen Karfreitag, Ostermontag, Christi Himmelfahrt, Pfingsten und Weihnachten gelten in Hamburg dieselben offiziellen Feiertage wie im übrigen Deutschland. Zu beachten ist lediglich, dass man das Schanzenviertel am 1. Mai wegen der jährlichen Krawalle abends besser meiden sollte.

FESTIVALS UND VERANSTALTUNGEN

Vor allem in den Sommermonaten finden viele Film-, Kunst- und Musikfestivals statt, siehe *www.hamburg.de/strassenfest*.

Tanz in den Mai

Früher wurden am 30. April böse Geister verjagt, heute zieht die ganze Stadt in die Clubs und tanzt in den 1. Mai hinein.

Hafengeburtstag (*www.hamburg.de/hafengeburtstag*)

Das größte Hafenfest der Welt! Um den 7. Mai herum wird drei Tage lang mit Liveauftritten, einer Schiffsparade und einem großen Feuerwerk gefeiert.

ELBJAZZ Festival (*www.elbjazz.de*)

Dreitägiges internationales Jazzfestival. Ende Mai sind zehn Bühnen an traumhaften Orten im und um den Hamburger Hafen herum aufgebaut.

Kirschblütenfest (*www.hamburg.de/kirschbluetenfest-hamburg*)

Mit dem Kirschblütenfest Ende Mai wird nach japanischer Tradition der Frühlingsanfang gefeiert. Beeindruckendes Feuerwerk auf der Alster.

Weihnachtsmarkt (*www.hamburg.de/weihnachtsmarkt*)

Von Ende November bis Weihnachten ist das Stadtzentrum voller Weihnachtsmärkte. Der größte befindet sich auf dem Rathausmarkt, der schickste auf dem Jungfernstieg, der gemütlichste auf dem Gänsemarkt.

HABEN SIE NOCH TIPPS?

Wir haben diesen Reiseführer mit großer Sorgfalt zusammengestellt. Da das Angebot an Geschäften und Restaurants in Hamburg jedoch regelmäßig wechselt, kann es sein, dass eine Empfehlung nicht mehr existiert. Besuchen Sie in diesem Fall oder wenn Sie andere Anmerkungen oder Fragen zu diesem 100%-Cityguide haben, unsere Webseite *www.100travel.de/hamburg*. Dort können Sie mit unserer Redaktion in Kontakt treten. Auch finden Sie dort aktuelle Tipps und zusätzliche Informationen zu Hamburg.

Last but not least möchten wir noch bemerken, dass keine der vorgestellten Adressen für ihre Erwähnung bezahlt hat, weder für den Text, noch für die Fotos. Alle Texte wurden von einer unabhängigen Redaktion geschrieben
.

Hotels

Ob privates Gästezimmer, kuschelige Pension oder Luxussuite im Designhotel - in Hamburg bleiben keine Wünsche offen. Die Zahl der Hansestadt-Touristen steigt immer weiter, und damit nimmt auch das Hotelangebot zu. Besonders die günstigen Designhotels sind auf dem Vormarsch. Sie liegen nicht im Zentrum, sondern in den angrenzenden Stadtvierteln. Eine Online-Buchung bringt oft einen ansehnlichen Rabatt. Und auf der Webseite der Hotels selbst gibt es vielleicht auch noch ein Sonderangebot zu entdecken ...

Hier nun eine Auswahl von Hotels verschiedener Preisklassen: von einfach und erschwinglich bis sehr ausgefallen und teuer. Sie sind in Preiskategorien eingeteilt, die entsprechenden Buchstaben sind auf dem Übersichtsplan vorne im 100% Guide vermerkt. Noch mehr nette Hotels finden Sie auf *www.100travel.de*.

NIEDRIGE PREISKLASSE

(A) Lässig das Design, easy-going die Devise. Die Zimmer von Hotel/Hostel/Lounge **Superbude** sind frisch, jung, modern und zweckmäßig eingerichtet. Sie sind in Farbkategorien eingeteilt und witzig möbliert, zum Beispiel gibt es Hocker aus Astra-Pils-Kästen. Im World-Wide-Wohnzimmer trifft man andere Leute zum Quatschen. Ein supercooles Designhotel für den kleinen Geldbeutel. Das Zentrum ist zu Fuß erreichbar.
spaldingstraße 152, www.superbude.de, telefon: 040 3808780,
preis: ab 59 €, u-bahn: berliner tor, s-bahn: hammerbrook

(B) Wohnen wie ein Hamburger? Im Bed & Breakfast **Quartier** geht das. Die drei Zimmer, die das Ehepaar Römer vermietet, liegen im Souterrain eines renovierten Herrenhauses in einer der schönsten Straßen von Eimsbüttel. Die Zimmer sind hell und geschmackvoll eingerichtet. Die Umgebung ist ruhig, und trotzdem ist das angesagte Schanzenviertel ganz in der Nähe.
weidenstieg 9 (seiteneingang links), www.quartier-im-quartier.de,
telefon: 040 32841551, preis: ab 65 €, u-bahn: christuskirche

MITTLERE PREISKLASSE

Ⓒ Im Garten eines zum Café-Restaurant umgebauten Krankenhauses aus dem späten 19. Jahrhundert liegt **Hadley's B&B**. Fünf Zimmer, eines davon extragroß für bis zu fünf Personen. Die Einrichtung ist stilvoll und persönlich, mit Holzböden und Accessoires. Gefrühstückt wird im Zimmer, im Garten oder im Café. Das Bed & Breakfast liegt im Stadtteil Rotherbaum, mit der U-Bahn sind es fünf Minuten ins Zentrum, zu Fuß an der Alster entlang fünfzehn Minuten.

beim schlump 85, www.hadleys.de, telefon: 040 417871,
preis: ab 90 €, u-bahn: schlump

Ⓖ **GASTWERK**

(D) Ob M-, L-, XL- oder XXL-Family-Zimmer - in jedem der 128 Zimmer des Budget-Designhotels **24 Hours** schläft man in einem fröhlichen Retro-Designmix mit Einflüssen aus den 60er- und 70er-Jahren. Es gibt eine Dachterrasse, gratis WLAN und eine iPod-Dockingstation auf dem Zimmer. Das Hotel liegt an der Grenze zu Ottensen, dem neuen Hotspot der Stadt. In zwölf Minuten ist man mit den öffentlichen Verkehrsmitteln im Zentrum. Ein zweites Hotel - im maritimen Look - hat kürzlich auf der Überseeallee in der Hafencity eröffnet.

paul-dessau-straße 2, www.25hours-hotels.com/hamburg,
telefon: 040 855070, preis: ab 95 €, s-bahn: bahrenfeld

(E) Jung und weltoffen? Dann ist das freundliche **YoHo** (the Young Hotel) genau richtig. In der 100 Jahre alten Jugendstilvilla sind die Zimmer zeitlos und modern eingerichtet. Toll: Hotelgäste unter 26 Jahren bekommen Rabatt. Das Essen im syrischen Restaurant Mazza schmeckt prima, und das hippe Schanzenviertel liegt direkt vor der Tür.

moorkamp 5, www.yoho-hamburg.de, telefon: 040 2841910,
preis: ab 99 €, u-bahn: christuskirche

(F) Das elegante **Hotel Wedina** ist eher ein Kulturhaus als ein Hotel. Hier, wo viele deutsche und ausländische Schriftsteller übernachteten und sich inspirieren ließen, trifft heute Literatur auf Architektur. Die Zimmer sind auf vier Wohnhäuser mit jeweils individueller Atmosphäre verteilt. Der Ort ist einfach perfekt: in einer ruhigen Straße, die die Alster mit der turbulenten Langen Reihe verbindet, im Viertel St. Georg am Rand des Zentrums.

gurlittstraße 23, www.hotelwedina.de, telefon: 040 2808900,
preis: ab 118 €, u-bahn: hauptbahnhof nord

(G) Wo früher Kohlen für ein Gaswerk lagerten, steht heute das Designhotel **Gastwerk**, ein beeindruckender Mix aus Alt und Neu. Die 141 Zimmer, Salons und Suiten sind bis in den letzten Winkel eine absolute Augenweide, mit großen Bädern und teilweise Original-Backsteinmauern. Im genauso schönen Restaurant Mangold mit Bar und Lounge sind alle Mahlzeiten ein Genuss! Das Day Spa verspricht Entspannung nach einem langen Sightseeing-Tag.

beim alten gaswerk 3, www.gastwerk.com, telefon: 040 890620,
preis: ab 130 €, s-bahn: bahrenfeld

Ⓗ Im wilden St. Pauli ist der imposante Designerturm des Hotels **Empire Riverside** ein unerwarteter Anblick. Der britische Architekt David Chipperfield ließ sich für das Gebäude von modernen Kreuzfahrtschiffen inspirieren. So liegt das schöne Bauwerk auch direkt an der Elbe, und die meisten Zimmer haben eine spektakuläre Aussicht auf das Wasser und den Hafen. Das Abendprogramm? Zuerst einen Drink in der 20up Skybar im 20. Stock und dann ab auf die Reeperbahn.

bernhard-nocht-straße 97, www.empire-riverside.de, telefon: 040 311190, preis: ab 130 €, s-bahn: reeperbahn, u-bahn/s-bahn: landungsbrücken

HOHE PREISKLASSE

(I) Das **East Hotel** ist zwischen den vielen zwielichtigen Clubs und Hotels auf der Reeperbahn eine Oase der Eleganz. Eine alte Eisengießerei wurde in einen hippen Designkomplex verwandelt, wo es nicht nur ein Hotel mit Wellnesszentrum gibt, sondern auch ein Restaurant und die Yakshi's Bar. Dort nippt Hamburg am Wochenende an seinen Cocktails.
simon-van-utrecht-straße 31, www.east-hamburg.de,
telefon: 040 309930, preis: ab 170 €, s-bahn: reeperbahn, u-bahn: st. pauli

(J) Schöner und romantischer kann man in Hamburg nicht übernachten. Das **Hotel Abtei** ist charmant, klassisch und liegt in einem superschicken Wohnviertel, einen Katzensprung von der Alster entfernt. Nach einem Aperitif am offenen Kamin wird unten im Restaurant Prinz Frederik ein königliches Mahl serviert.
abteistraße 14, www.abtei-hotel.de, telefon: 040 442905,
preis: ab 190 €, u-bahn: klosterstern

(K) Mitten in der Stadt, zwischen Gänsemarkt und Staatsoper, liegt das hypermoderne, luxuriöse Design-Hotel **SIDE**. Seinen fünf Sternen wird es mehr als gerecht - mit einer Lichtinstallation in der Lobby, 168 hellen, pastellfarbenen Designerzimmern, zehn "schwebenden" Zimmern mit verblüffender Aussicht, einem knallbunten Wellnessraum, der schönen Skylounge und einem der besten Restaurants der Stadt: [m]eatery.
drehbahn 49, www.side-hamburg.de, telefon: 040 309990,
preis: ab 245 €, u-bahn: gänsemarkt

(L) Das **Fairmont Hotel Vier Jahreszeiten** ist königlich-klassisch. Das weltberühmte Hotel liegt am Wasser, direkt neben dem schönen Jungfernstieg. Es ist großzügig mit antiken Möbeln und bunten Stoffen eingerichtet, keine Suite gleicht der anderen. Diese Grande Dame unter den Hotels hat auch nach 110 Jahren nichts an Eleganz eingebüßt.
neuer jungfernstieg 9-14, www.hvj.de, telefon: 040 34943180,
preis: ab 360 €, u-bahn: gänsemarkt, u-bahn/s-bahn: jungfernstieg

Transport

Von Hamburgs einzigem **Flughafen** im Norden der Stadt aus ist man mit der S-Bahn in 25 Minuten am Hauptbahnhof. Das ist der schnellste und günstigste Weg ins Zentrum. Die **Züge** fahren alle zehn Minuten und eine Fahrkarte kostet etwa 2,70 Euro.

Internationale Züge kommen am Hauptbahnhof an. Alle S- und U-Bahn-Linien fahren vom Hauptbahnhof, der in Nord und Süd unterteilt ist.

Fahrkarten (*www.hvv.de*) gibt es an Automaten an den Haltestellen. Für kurze Fahrten kauft man ein Kurzstreckenticket (1,30 Euro), für bis zu zwei Zonen ein Nahbereichticket (1,80 Euro) und innerhalb der Zonen A und B ein Großbereichticket (2,80 Euro). Die Tickets gelten immer für eine Fahrt und müssen nicht mehr gestempelt werden. Ideal sind die 9-Uhr-Tageskarte (5,50 Euro, gültig von 9.00 bis 6.00 Uhr am nächsten Tag), die 9-Uhr-Gruppenkarte (9,60 Euro, für bis zu fünf Personen) oder die 3-Tage-Karte (16,50 Euro, am Tag des Kaufs plus zwei weitere Tage gültig). Diese Karten gelten auch für Bus und Fähre. Unter der Woche fahren die U- und S-Bahnen bis etwa 0.30 Uhr, freitags und samstags die ganze Nacht hindurch.

In der Stadt fährt man am besten mit der **U-Bahn** oder **S-Bahn**, aber auch mit den **Bussen** klappt es prima. Eine Busfahrkarte kauft man im Bus selbst für 1,30 Euro. Nachtbusse sind an der 600-Nummer zu erkennen.

Auto: Für Hamburg braucht man im Gegensatz zu vielen anderen Großstädten in Deutschland keine Umweltplakette. Außerhalb des Zentrums ist das Parken meist gratis.

Taxen können auf der Straße angehalten oder telefonisch bestellt werden. Der Startpreis liegt bei 2,70 Euro, dazu kommt bei kurzen Strecken ein Tarif von ungefähr 1,85 Euro pro Kilometer. Die beiden größten Taxizentralen sind Taxi Hamburg (040 666666) und Taxiruf (040 441011).

Hamburg hat ein großartiges Fahrradleihsystem: die roten **Stadträder** (*www. stadtrad.hamburg.de*). Mit der Kreditkarte ist bei der Stadtradstation schnell

ein Konto eingerichtet. Die erste halbe Stunde ist gratis, die zweite halbe Stunde kostet 0,04 Euro pro Minute, danach 0,08 Euro, bis zu 12 Euro. Das ist auch der Mietpreis für einen Tag (24 Stunden).

Eine schöne Möglichkeit, von A nach B zu gelangen, bietet die **Fähre** (*www. hadag.de/hafenfaehren.php*). Hauptanleger der Hadag-Hafenfähre sind die Landungsbrücken. Linie 62 ist die wichtigste, sie fährt Fischmarkt, Dockland, Neumühlen/Övelgönne (Elbstrand) und Finkenwerder an. Fahrräder dürfen mit an Bord genommen werden. Die Fähre verkehrt von etwa 6.00 bis 23.00 Uhr, tagsüber alle 15 Minuten und abends jede halbe Stunde. Tipp: eine Kombitour - zum Elbstrand radeln und nach Sonnenuntergang mit der Fähre zurückfahren.

Altstadt, Neustadt & St. Georg

Historisch und schick, Alsterflair und Schwulenszene

Die Innenstadt von Hamburg besteht aus zwei Teilen, die von einem Binnengewässer, der Alster, getrennt werden: Neustadt und Altstadt. Das prächtige Rathaus bildet den Mittelpunkt beider Stadtteile.

Beim Großen Brand von Hamburg 1842 wurde ein Viertel der damaligen Stadt zerstört, bedeutende Gebäude wie das Rathaus und zwei Hauptkirchen sind komplett abgebrannt. Dadurch erhielt Hamburg die Gelegenheit, die Infrastruktur zu erneuern. Kennzeichnend für die "Post-Brand-Architektur" sind klassische Formen, die an italienische Städte erinnern. An manchen Gebäuden ist auch eine Rundbogen-Architektur erkennbar, zum Beispiel an den Alsterarkaden am Schwanensee neben dem Rathaus.

Heute sind Neustadt und Altstadt bedeutende Einkaufs- und Geschäftsviertel, Wohnhäuser gibt es dort kaum. Viele Banken, Versicherungsgesellschaften und Verlage haben hier ihren Sitz. Kein Wunder, dass die zahlreichen schicken

Restaurants nach Büroschluss gut besucht sind. Mönckebergstraße und Spitalerstraße sind Einkaufsmeilen mit großen Ladenketten. Dennoch stehen hier auch schöne Gebäude wie das Levantehaus - ein Blick nach oben lohnt sich also. Am Neuen Wall und in den Großen Bleichen trifft sich die High-Society zum Luxus-Shopping. Hier präsentieren sich die großen Designermarken sowie das schicke Alsterhaus.

Ein See mitten in der Stadt: Die Alster besteht aus zwei Teilen, nämlich der kleineren Binnenalster und der größeren Außenalster mit einem Umfang von 7,5 Kilometern. Am Ende der Binnenalster liegt der bekannte Jungfernstieg; eine wunderbare Promenade zum Flanieren, Einkaufen, Kaffeetrinken und als Startpunkt für eine Bootsrundfahrt.

Das Zentrum von St. Georg ist die Lange Reihe, Herz des Schwulenviertels. Hier gibt es viele Kneipen, Restaurants und Geschäfte. Der hohe Anteil ausländischer Einwohner sorgt für ein einzigartiges Multi-Kulti-Flair.

6 Insider-Tipps

Gängeviertel

Den von Künstlern besetzten Häuserblock anschauen.

Rathaus

Die norddeutsche Renaissance bestaunen.

a.mora

Auf dem Alstersteg die Atmosphäre genießen.

Hamburger Kunsthalle

Rembrandt und Rodin bewundern.

Mutterland

Feinste Delikatessen probieren.

Alsterkreuzfahrt

Die romantische Seite der Alster entdecken.

Sehenswürdigkeiten

Shoppen

Essen & Trinken

100% there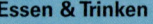

Sehenswürdigkeiten

(8) Zwischen den modernen Büros der schicken Innenstadt liegt ein alternatives Hausbesetzerviertel mit zwölf historischen Gebäuden. 1996 wurde das **Gängeviertel** nach ewigem Leerstand besetzt, seitdem wohnen und arbeiten dort Künstler. Die heruntergekommenen Häuser sind bunt angemalt, und es sprüht nur so vor Kreativität. Schlendern Sie durch das Viertel und schauen Sie auch mal in ein Haus hinein! Die Bewohner sind sehr hilfsbereit und erzählen Ihnen gerne mehr über Geschichte des Viertels und ihr Projekt. Zwischen Valentinskamp, Speckstraße und Caffamacherreihe gibt es einen Infoshop.
zwischen valentinskamp, speckstraße und caffamacherreihe,
www.das-gaengeviertel.info, telefon: 0157 89119142 (infoshop),
geöffnet: infoshop di-so 15.00-17.00, u-bahn: gänsemarkt

(19) Das noch ziemlich junge **Bucerius Kunstforum** befindet sich im neoklassizistischen, ehemaligen Bankgebäude neben dem Rathaus. Jedes Jahr zeigt das Kunstforum vier hochwertige Ausstellungen von renommierten Kuratoren mit Werken von der Antike bis heute.
rathausmarkt 2, www.buceriuskunstforum.de, telefon: 040 3609960,
geöffnet: mo-mi & fr-so 11.00-19.00, do 11.00-21.00, eintritt: 8 €,
u-bahn: rathaus

(20) Hamburgs Stolz ist das monumentale **Rathaus** im norddeutschen Renaissancestil, das inzwischen fünfte der Stadtgeschichte. Frühere Rathäuser wurden durch Kriege sowie den verheerenden Brand im Jahr 1824 zerstört. Die reich geschmückten Säle sind auf jeden Fall einen Besuch wert, ebenso der Innenhof mit dem schönen Springbrunnen. Auf dem Rathausplatz findet im Winter der größte Weihnachtsmarkt Hamburgs statt.
rathausmarkt 1, telefon: 040 42831240, geöffnet: mo-fr 10.00-15.00,
sa 10.00-17.00, so 10.00-16.00, eintritt: frei, führung 3 €, u-bahn: rathaus

(25) Die ursprünglich gotische **St. Petri Hauptkirche** wurde nach dem Brand von 1842 im neogotischen Stil wieder aufgebaut. Die meisten Kunstwerke sind glücklicherweise erhalten geblieben, und das gotische Madonnenbild von 1470 ist noch immer zu bewundern. Auch der bronzene Löwenkopftürklopfer von 1342, das bekannteste Kunstwerk der Kirche und das älteste der Stadt, ist noch intakt. Er befindet sich an der linken Kirchentür zum Turm.

bei der petrikirche 2, www.sankt-petri.de, telefon: 040 3257400,
geöffnet: mo-fr 10.00-18.30, sa 10.00-17.00, so 9.00-20.00, eintritt: frei,
u-bahn: mönckebergstraße, rathaus

(27) Das **Levantehaus** von 1912, benannt nach seinem ersten Mieter, der Deutschen Levante Schifffahrts-Linie, ist ein typisches Beispiel eines Hamburger Kontorhauses aus dem frühen 20. Jahrhundert. Das Gebäude beeindruckt mit seiner prächtigen Fassade und im Inneren lädt - mit Glas überdacht - eine luxuriöse, reich verzierte Passage zum Shoppen ein. Insgesamt beherbergt das Levantehaus vierzig exklusive Geschäfte, Cafés und Restaurants, darunter das authentische Kaffeehaus Die Rösterei (*www.die-roesterei.com*) und das hervorragende österreichische Restaurant Tschebull (*www.tschebull.de*). Auch das Luxushotel Park Hyatt ist hier vertreten.

mönckebergstraße 7, www.levantehaus.de, telefon: 040 326816,
geöffnet: mo-fr 10.00-19.00, sa 10.00-18.00 (einige geschäfte und lokale auch länger), u-bahn: mönckebergstraße, u-bahn/s-bahn: hauptbahnhof

(28) Die **Hamburger Kunsthalle** ist das bedeutendste Kunstmuseum Hamburgs. Die Sammlung umfasst Kunst vom Mittelalter bis heute, mit Schwerpunkt auf der deutschen Romantik (19. Jh.). Werke von Rembrandt, Monet und Rodin können hier bestaunt werden. Das 1997 eröffnete Nebengebäude zeigt moderne Kunst ab den Sechzigerjahren mit Werken von Richard Serra, Sigmar Polke und Baselitz. Bei einem so großen und ausgefallenen Kunstangebot ist für jeden Geschmack etwas dabei.

glockengießerwall, www.hamburger-kunsthalle.de,
telefon: 040 428131200, geöffnet: di-mi & fr-so 10.00-18.00, do 10.00-21.00,
eintritt: 10 €, u-bahn/s-bahn: hauptbahnhof

Essen & Trinken

(1) "Die Erste Liebe ... vergisst man nicht" lautet der vollständige Name dieser kreativen Bar. Die Einrichtung der **Erste Liebe Bar** ist minimalistisch-schick, mit Grafikdesign an den Wänden sowie wechselnden Ausstellungen. Neben Kaffee gibt es auch leckeren Tee (z. B. Ingwer-Minze-Orangentee), Sandwiches und Biomüslis.

michaelisbrücke 3, www.ersteliebebar.de, telefon: 040 36901808, geöffnet: mo-fr 8.00-20.00, sa 10.00-18.00, preis: snack 5 €, u-bahn: rödingsmarkt

(3) "Fine food fast" - das bedeutet im **Kaiserwetter** gesundes, leichtes, leckeres Fastfood. Auf den Sofas mit den rot karierten Kissen kann man ganz in Ruhe frühstücken oder lecker-leicht lunchen. Und Köstlichkeiten zum Mitnehmen gibt es auch.

bleichenbrücke 11, www.kaiserwetter-food.com, telefon: 040 342902, geöffnet: mo-fr 6.00-19.00, sa 9.00-18.00, preis: sandwich 4 €, s-bahn: jungfernstieg, u-bahn: rathaus

(6) Stahlelemente, zwei große Tresore und eine mit Kreditkartennummern dekorierte Bar erinnern daran, dass die Brasserie **Die Bank** früher eine Hypothekenbank war. Die Atmosphäre ist international und modern, viele Geschäftsleute treffen sich hier zum Mittag- oder Abendessen. Sternekoch Thomas Fischer bereitet zwar hochpreisige, dafür aber auch sehr hochwertige und abwechslungsreiche Gerichte zu.

hohe bleichen 17, www.diebank-brasserie.de, telefon: 040 2380030, geöffnet: mo-sa 11.30-23.00, preis: 24 €, u-bahn: gänsemarkt

(10) **Mama** ist die moderne Variante der traditionellen Trattoria. Der Name huldigt allen italienischen, kochlöffelschwingenden Mamas. Schönes Detail: Die Namen der Mamas, die als Inspiration für das Restaurant dienten, sind auf den Wänden verewigt. Im modern eingerichteten Selbstbedienungs-Restaurant gibt es einfache, aber schmackhafte biologische Panini, Pasta, Pizza und Salate.

stephansplatz 6, www.mama.eu, telefon: 040 39903050, geöffnet: mo-fr 8.00-21.00, sa 10.00-21.00, so 11.30-20.00, preis: 5 €, u-bahn: stephansplatz

KAISERWETTER ③

⑪ Das **Fachgeschäft für Meeresspezialitäten** ist eine italienische Perle, die etwas versteckt liegt. Das Konzept ist simpel: Jeden Tag gibt's ein Mittagsgericht mit Fisch. Frisch und günstig. Mit großer Terrasse.
colonaden 104, telefon: 040 346314, geöffnet: mo-sa 12.00-17.00, preis: 6 €, u-bahn: stephansplatz

⑫ Ein Essen im **Hofbräu** an der Alster ist ein echt bayerisches Erlebnis. Das riesige Restaurant ist gemütlich mit massiven Holztischen und -bänken eingerichtet. Das Personal serviert in traditionellem Dirndl und Lederhose Schlachtplatte mit Sauerkraut, dazu eine zünftige Maß. Na denn: Prost!
esplanade 6, www.hamburg-hofbraeuhaus.de, telefon: 040 34993838, geöffnet: so-do 10.00-1.00, fr-sa 10.00-2.00, preis: 15 €, u-bahn: stephansplatz

㉓ CAFÉ PARIS

(16) Ein besserer Ort zum Frühstücken ist in der Innenstadt kaum zu finden. Bei **Alex** zeigt sich die Stadt von ihrer schönsten Seite, denn man hat von drinnen und von draußen auf der Terrasse einen herrlichen Blick auf die Alster. Das Frühstücksbüfett ist beliebt, aber auch abends ist es hier immer voll. Und die Alsterrundfahrt startet direkt vor der Tür.

jungfernstieg 54, www.alexgastro.de, telefon: 040 3501870, geöffnet: mo-do 8.00-1.00, fr-sa 8.00-3.00, so 9.00-1.00, (frühstücksbüfett mo-fr 8.00-12.00, sa 8.00-14.00, so 9.00-14.30), preis: frühstücksbüfett 8,25 € (am wochenende 13,50 €), s-bahn: jungfernstieg, u-bahn: rathaus

(18) Syrien mit Aussicht auf die Alster: Genießen Sie die würzige und überwiegend vegetarische Küche in den **Saliba Alsterarkaden**. Kein Platz auf der Terrasse mehr frei? Dann geht's über die schmale Treppe nach oben. Als Vorspeise empfiehlt sich das Mazza-Menü (ausreichend für zwei Personen). Außerdem gibt es Fingerfood und Rosentee mit zuckersüßer Torte.

am neuen wall 13, www.saliba.de, telefon: 040 345021, geöffnet: täglich 11.00-23.00, preis: 18 €, u-bahn: rathaus

(21) Im alten Weinkeller des Rathauses ist das schicke Restaurant **Das Parlament** untergebracht, eine Mischung aus Tradition und modernem Design. Die riesige beleuchtete Bar und die Designerlampen kontrastieren mit dem Gewölbesaal und seinen gigantischen Säulen. Das Essen ist klassisch und gut. Man kann aber auch einfach nur etwas trinken.

rathausmarkt 1, www.parlament-hamburg.de, telefon: 040 70383399, geöffnet: täglich 12.00-1.00, preis: 19 €, u-bahn: rathaus

(22) Öko-Fast-Food-Restaurants wie das **Waku Waku** sind in Hamburg schwer im Trend. Die schnellen Wokgerichte werden vor den Augen der Gäste in der offenen Küche zubereitet. Es gibt Sitzplätze in Schaukelstühlen, die an Seilen hängen, viele Grünpflanzen und Möbel aus recycelten Materialien. An der Kasse bekommt man einen bunten Kochlöffel, den man in den Tisch steckt, damit das Personal in diesem weiß-violetten Dschungel den richtigen Weg findet. Ein nachhaltiges Konzept mit Zukunft.

schauenburgerstraße 55-57, www.waku-waku.eu, telefon: 040 36097875, geöffnet: mo-sa 11.00-21.00, preis: 8 €, u-bahn: rathaus

FACHGESCHÄFT FÜR MEERESSPEZIALITÄTEN (11)

(23) Das **Café Paris** ist ein Klassiker: mit Französisch sprechenden Obern, Mini-Bistrotischen vor der Tür und einer Speisekarte voller französischer Begriffe. Besonders hübsch ist die bemalte und reich mit Fliesen geschmückte Jugendstildecke. Gegenüber gibt es noch den Laden zum Café. *rathausstraße 4, www.cafeparis.net, telefon: 040 32527777, geöffnet: mo-fr 9.00-23.30, sa-so 10.00-23.30, preis: 18 €, u-bahn: rathaus*

(24) Hinter der schweren Tür mit Klingel liegt eine Cocktailbar mit Klasse. Gedämpftes Licht, Braun- und Goldtöne, dekorierte Vorhänge, weiche Sofas und Barhocker: Bei **Le Lion** kann man die Außenwelt leicht vergessen. *rathausstraße 3, www.lelion.net, telefon: 040 334753780, geöffnet: mo-sa 19.00-3.00 (im sommer di-sa), preis: cocktail 14 €, u-bahn: rathaus*

㉖ Für die meisten Hamburger ist eine Currywurst bei **Mö-Grill** fester Programmpunkt an einem Shoppingtag. Man muss nicht einmal die Straße überqueren: Der Wurstkönig steht auf beiden Seiten an der U-Bahn-Station. *am mönckebergbrunnen 1, telefon: 040 335599, geöffnet: mo-fr 10.00-20.00, sa 10.00-18.00, preis: currywurst 2,50 €, u-bahn: mönckebergstraße*

㉚ Das sympathische Restaurant **Cox** bietet eine hervorragende französische Crossover-Küche, eine bistroähnliche, gepflegte Einrichtung und sehr nette Bedienung. Eine echte Bereicherung für das Viertel St. Georg. *lange reihe 68, www.restaurant-cox.de, telefon: 040 249422, geöffnet: mo-fr 12.00-15.00 & 19.00-23.30, sa-so 18.00-23.30, preis: 20 €, u-bahn/s-bahn: hauptbahnhof nord, u-bahn: lohmühlestraße*

㉜ In diesem netten Café im Stil der Dreißigerjahre erwartet man eigentlich ältere Damen mit Hüten. Weit gefehlt. Im **Café Gnosa** trifft sich die Hamburger Schwulen- und Lesbenszene zu Kaffee & Kuchen, Mittag- oder Abendessen. Aber auch Heteros sind herzlich willkommen. *lange reihe 93, www.gnosa.de, telefon: 040 243034, geöffnet: täglich 10.00-1.00, preis: 9 €, u-bahn/s-bahn: hauptbahnhof nord, u-bahn: lohmühlestraße*

㉝ Das renovierte Gebäude des Restaurants **Turnhalle** von 1889 war einst die Turnhalle einer Mädchenschule. Statt zu turnen wird heute hier gegessen, die Ringe hängen aber noch unter der Decke. Das Restaurant ist vor allem wegen seines großen Frühstücksbüffets beliebt. *lange reihe 107, www.turnhalle.com, telefon: 040 28008480, geöffnet: täglich ab 9.30, preis: 20 €, frühstücksbuffet 11,90 €, u-bahn/s-bahn: hauptbahnhof nord, u-bahn: lohmühlestraße*

㉞ Direkt an der Außenalster ist **a.mora** der perfekte Platz, um die Füße ins Wasser zu hängen, zu träumen und den Segelbooten nachzublicken. Im Liegestuhl auf dem Steg bestellt man Frühstück, hausgemachte Torte und herzhafte Snacks wie Fischstäbchen aus eigener Herstellung oder einen "Luxusburger". Am frühen Abend kommen DJs und der Steg wird zur Freiluftbar. Im Winter gibt's hier Glühwein und Bratwurst. *an der alster (atlantic-steg), www.a-mora.com, telefon: 040 28056735, geöffnet: täglich ab 10.00, preis: 15 €, u-bahn/s-bahn: hauptbahnhof*

Shoppen

(4) **Secondella** ist ein unglaublich großer und äußerst luxuriöser Second-Hand-Laden. Hier gibt's Mode vom Feinsten: Chanel, Dior und Marc Jacobs. Wer sich schon mal auf seinen Besuch vorbereiten möchte, kann sich auf der Webseite die Kollektion ansehen und per E-Mail seine Lieblingsstücke reservieren lassen.
hohe bleichen 5, www.secondella.de, telefon: 040 352931,
geöffnet: mo-fr 10.00-19.00, sa 10.00-18.00, u-bahn: gänsemarkt

(5) **Petra Teufel** gilt als eine der besten Boutiquen in ganz Hamburg. Nationale und internationale Stars wie Sheryl Crow und die Pet Shop Boys shoppten sich hier ihre Outfits zusammen. In den Achtzigern war Petra Teufel die erste Adresse für Dries van Noten und Comme des Garçons. Neben den großen Designermarken gibt's auch Labels wie Velvet und Humanoid.
hohe bleichen 13, www.petrateufel.de, telefon: 040 3786160,
geöffnet: mo-fr 10.00-19.00, sa 11.00-18.00, u-bahn: gänsemarkt

(7) "Genuss ist unsere Leidenschaft", so lautet die Philosophie von **Oschätzchen**. Der dänische Familienbetrieb versteht tatsächlich etwas vom Genießen, denn das vornehme Geschäft ist eine wahre Fundgrube für Delikatessen und Accessoires, die auch noch sehr hübsch eingepackt werden. Wetten, dass Sie nicht mit leeren Händen weggehen? Oschätzchen ist auch im Alsterhaus im vierten Stock zu finden.
hohe bleichen 26, www.oschaetzchen.com, telefon: 040 35004780,
geöffnet: mo-fr 10.00-19.00, sa 10.00-18.00, u-bahn: gänsemarkt

(13) Schon seit Jahren ist **Thomas I-Punkt** führend auf dem Gebiet bequemer, hochwertiger Mode. Auf mehreren Etagen wird Damen- und Herrenmode der eigenen, in Deutschland produzierten Marke Omen angeboten, aber auch Labels wie Gaspard Yurkievich, Odd Molly und American Vintage locken mit tollen Stücken. In einem schönen, historischen Gebäude in der Mönckebergstraße 21 gibt es eine zweite Filiale.
gänsemarkt 24, telefon: 040 342009, geöffnet: mo-sa 10.00-20.00,
u-bahn: gänsemarkt

THOMAS I-PUNKT ⑬

⑭ Hier können sich die Herren in Sachen Mode mal richtig austoben:
Feldenkirchen ist einer der bestsortierten Herrenausstatter der Stadt und
verkauft neben Mode auch Schuhe und Accessoires klassischer Marken und
trendiger Labels. Für Damen gibt es in der Poststraße ebenfalls eine
Feldenkirchen-Filiale, und zwar in Hausnummer 51.
poststraße 20, www.feldenkirchen.com, telefon: 040 34057272,
geöffnet: mo-sa 10.00-19.00, u-bahn: gänsemarkt

(15) Modefreaks kennen das Phänomen schon aus Paris: **Espace Kiliwatch**, ein Vintageparadies, in dem man Stunden zubringen kann. Fast heimlich hat jetzt in Hamburg ein Concept Store eröffnet, tief verborgen im Keller von Betty Juice am Ende der Galleria-Passage. Alles, was hip und bezaubernd ist, kann man hier finden.

große bleichen 21, telefon: 040 35715050, geöffnet: mo-fr 11.00-20.00,
sa 10.00-19.00, s-bahn: jungfernstieg, u-bahn: rathaus

(17) Das **Alsterhaus** ist eine Institution in Hamburg. Das schicke Kaufhaus am mondänen Jungfernstieg lockt mit allerlei schönen Sachen. Doch vor allem die obere Etage ist fantastisch, denn dort wird Essen zur Kunst erhoben. Man probiert Kaviar, nippt am Champagner und kauft Luxustee.

jungfernstieg 16, www.alsterhaus.de, telefon: 040 359010,
geöffnet: mo-sa 10.00-20.00, s-bahn: jungfernstieg, u-bahn: rathaus

(29) **Mutterland** ist eine Hommage an Deutschland: Hier werden ausschließlich Produkte kleiner deutscher Lieferanten verkauft. Aufeinander gestapelte Kisten stecken voller Delikatessen und origineller Geschenke. Außerdem gibt es ein Café mit herrlichen Torten, Biobrot und einem Picknickkorbservice - so kann man perfekt ausgestattet zum Relaxen an die Alster.

ernst-merck-straße 9, www.mutterland.de, telefon: 040 28407978,
geöffnet: mo-sa 8.00-21.00, café auch so 10.00-18.00,
u-bahn/s-bahn: hauptbahnhof

(31) Das Haus für Kunst und Handwerk, **Koppel 66,** ist schon seit dreißig Jahren eine Gegenbewegung zur Massenindustrie. Auf den vier Etagen der ehemaligen Maschinenfabrik können verschiedene Läden und Ateliers besucht werden. Hier gibt es handgefertigte Schuhe, Hüte, Seifen, Schmuckstücke und viele weitere bezaubernde Dinge. Unten im Café Koppel kann man sich mit vegetarischen Snacks in kreativer Atmosphäre verwöhnen lassen.

lange reihe 75 (innenhof), www.koppel66.de, telefon: 040 43270934,
geöffnet: täglich 11.00-18.00, café 10.00-23.00,
u-bahn/s-bahn: hauptbahnhof nord, u-bahn: lohmühlestraße

35 ALSTERKREUZFAHRT

100% there

(2) Nirgendwo findet man so viele Galerien auf einem Fleck wie in der Admiralitätstraße. Ein Besuch des **Galerierundgangs Fleetinsel** ist abwechslungsreich und inspirierend. Unter anderem ist dort Sfeir-Semler vertreten, der Namen wie Hans Haacke und Sigmar Polke im Programm hat. Bei Karin Guenther werden zeitgenössische Bilder, Fotos und Installationen gezeigt, und die Galerie Westwerk ist eng mit Hamburg verbunden.
admiralitätstraße 71, geöffnet: di-fr 12.00-18.00, sa 12.00-15.00, eintritt: frei, s-bahn: stadthausbrücke

(9) Nichts wie rein in die schicken Klamotten und dann ab in die **Hamburgische Staatsoper**! Das Opernhaus, das im Krieg zerbombt und 1955 wieder aufgebaut wurde, kann stolz auf eine über 300-jährige Musikgeschichte zurückblicken. Hier stehen die größten, besten und berühmtesten Opernensembles auf der Bühne. Auch das weltgrößte Ballettzentrum mit Ballettschule und Internat hat hier seinen Sitz.
dammtorstraße 28, www.hamburgische-staatsoper.de, telefon: 040 356868, geöffnet: mo-sa 10.00-18.30 (kartenverkauf), u-bahn: stephansplatz, gänsemarkt

(35) Wie wäre es mit einer **Alsterkreuzfahrt** mit Hop-on-Hop-off an neun verschiedenen Anlegestellen? So lässt sich das heißgeliebte Erholungsgebiet der Hamburger, die Alster, am besten erkunden. Oder möchten Sie lieber selbst aktiv werden? Die vielen Segelclubs an der Außenalster vermieten Segelboote oder Kanus (*www.segelschule-pieper.de*). Wer lieber auf dem Land bleiben möchte, kann es den Hamburgern gleichtun: Man spaziert oder radelt um den See und legt eine Picknickpause auf den Alsterwiesen ein, oder man gönnt sich einen Kaffee auf einem der Holzstege.
atlantic-steg (bei a.mora), www.alstertouristik.de, telefon: 040 3574240, geöffnet: täglich 10.00-19.00, preis: hin und zurück 9,50 €, u-bahn: hauptbahnhof

Altstadt, Neustadt & St. Georg

Start ist die U-Bahn-Station Rödingsmarkt. Dann geht es nach links über die Heiligengeistbrücke zur Michaelisbrücke auf eine Tasse Kaffee (1). Danach in die Admiralitätstraße, um das Galeriekollektiv (2) zu besuchen. Wieder zurück und geradeaus über die Stadthausbrücke, dann durch den Neuen Wall. Links auf der Bleichenbrücke kann man prima frühstücken oder für unterwegs Proviant kaufen (3). Am Ende der Straße den Platz überqueren (4). Weiter über die Hohen Bleichen (5) (6) (7) und dann links in die ABC-Straße. Am Ende rechts in die Speckstraße (8), dann rechts durch den Bäckerbreitergang, anschließend rechts abbiegen. Durch den Valentinskamp, dann links in die Dammtorstraße (9) (10) und rechts zur Esplanade. Kurz rechts in den Collonaden eine italienische Perle entdecken (11). Zurück auf der Esplanade kann man echtes Bayern-Feeling erleben (12). An der Straßenecke geht es nach rechts an der die Alster entlang. Rechts in die Große Theaterstraße und dann links auf den Gustav-Mahler-Platz abbiegen. Am Nivea-Haus nach rechts, über den Gänsemarkt und links in die ABC-Straße (13). Jetzt Kehrt machen und links in die Poststraße einbiegen (14). An der Kreuzung Große Bleichen biegen Modefreaks rechts in die Galleria ein (15). Der Spaziergang geht links über die Großen Bleichen weiter, dann rechts auf den Jungfernstieg. Hier die Aussicht genießen (16) und Delikatessen kaufen (17). Biegen Sie rechts in den Neuen Wall ein. Bei Felix Jud gehen Sie durch die Passage (18). Dann rechts unter den Alsterarkaden entlang und links über die Brücke (19) (20). Im Ratskeller gibt's etwas zu trinken (21) oder in der Schauenburgerstraße ein leckeres Wokgericht (22). In der Rathausstraße können Sie zu Mittag essen (23) (24). Dann links in die Bergstraße (25) und rechts durch die Mönckebergstraße gehen. An der U-Bahn-Station gibt's die legendäre Currywurst (26). Geradeaus kommt man zum Levantehaus (27), dann geht's zurück zum Platz und rechts in die Lilienstraße. Gehen Sie geradeaus (28) und überqueren Sie die Brücke. Am Ende der Ernst-Merck-Straße (29) geht's fast geradeaus in die Lange Reihe (30) (31) (32) (33). Durch eine Seitenstraße gelangt man links zur Alster. Geschafft! Jetzt am Wasser etwas trinken (34) oder zu einer Alster-Kreuzfahrt (35) aufbrechen.

2

Wohnungen. Besonders spektakulär sind das Unileverhaus, der luxuriöse Wohnturm Marco Polo Tower und die Elbphilharmonie, das Wahrzeichen der Hafencity. Immer mehr Unternehmen, hauptsächlich aus dem Entertainment- und Medienbereich, siedeln sich hier an, darunter Stage Entertainment und die Joop van den Ende Academy. Das Musical-Business boomt nämlich in Hamburg.

Die alte Speicherstadt wurde dagegen schon 1913 gebaut und ist der größte zusammenhängende Speicherhauskomplex weltweit. Die hohen Gebäude in wilhelminischer Backsteingotik mit ihren verspielten Spitzgiebeln und den Türmchen dienen bis heute als Lagerplatz für wertvolle Handelsware. Hinter den Backsteinmauern liegen Kaffee, Tee, Kakao, Gewürze, Tabak und Computer, bereit für den Verkauf. Die Speicherstadt ist auch der größte Lagerplatz der Welt für Teppiche aus dem Nahen Osten. Am besten kann man dieses einzigartige Ensemble auf einer Hafenrundfahrt erleben.

6 Insider-Tipps

High Flyer

150 Meter über
der Stadt schweben.

Deichtorhallen

Eine internationale
Ausstellung besuchen.

Oberhafenkantine

In einer schiefen,
historischen Hafenkantine
essen.

Manufactum

Im kunststofffreien
Warenhaus einkaufen.

Unileverhaus

Einen Blick aufs Wasser
und den Hafen werfen.

Das Feuerschiff

Traditionelle Seemannskost
auf einem alten
Feuerschiff probieren.

Sehenswürdigkeiten

Shoppen

Essen & Trinken

100% there

Sehenswürdigkeiten

(1) Das **Museum für Kunst und Gewerbe** zeigt eine umfassende Jugendstilkollektion mit Statuen, Kupferstichen, Fliesen, Porzellan, Schmuck und Möbeln. Außerdem gibt es eine schöne Sammlung von Kunstgegenständen - von der Antike bis heute. Das Pariser Zimmer, auf der Weltausstellung im Jahr 1900 in Paris erworben, ist mit seinen Möbeln von Hector Guimard absolut sehenswert. Zudem finden regelmäßig Sonderausstellungen über Design aus dem 20. Jahrhundert statt.
steintorplatz 1-2, www.mkg-hamburg.de, telefon: 040 428134880, geöffnet: di-mi & fr-so 11.00-18.00, do 11.00-21.00, eintritt: 8 €, u-bahn/s-bahn: hauptbahnhof süd

(5) Mit etwa 5000 Quadratmetern Ausstellungsfläche sind die **Deichtorhallen** Europas größtes Museum für internationale moderne Kunst und Fotografie. In diesen beiden alten Markthallen von 1914 wurden bis 1984 noch Gemüse und Blumen verkauft. Inzwischen wurden sie umgebaut zu beeindruckenden Ausstellungsgebäuden für so sehenswerte Künstler wie Gilbert & George, Kyoshi Suzuki und Arne Jacobsen, die hier in wechselnden Ausstellungen ihre Werke präsentieren.
deichtorstraße 1-2, www.deichtorhallen.de, telefon: 040 321030, geöffnet: di-so 11.00-18.00 (ersten do im monat bis 21.00), eintritt: 9 €, u-bahn: steinstraße

(9) Das **Chilehaus** von Fritz Höger aus dem Jahr 1924 ist die experimentelle Kombination eines traditionellen Backsteingebäudes mit einem modernistischen Entwurf. Das stattliche, zehnstöckige Gebäude, das mit seinem Spitzgiebel an den Bug eines Schiffes erinnert, wurde als Symbol expressionistischer Architektur international bekannt. Weil der Auftraggeber Henry B. Sloman mit Chilesalpeter handelte, bekam das Gebäude den Namen Chilehaus. Neben Büros und Wohnungen beherbergt es heute das Restaurant Slowman und den schönen Laden Manufactum.
fischertwiete 2, www.chilehaus.de, u-bahn: meßberg

⑤ **DEICHTORHALLEN**

⑭ Dreitausend Jahre Seefahrt auf zehn Etagen: das **Internationale Maritime Museum Hamburg** präsentiert Zehntausende Schiffsmodelle aus Elfenbein, Silber und Gold sowie Gemälde, Dokumente und Wrackteile. Es handelt sich um die größte Schifffahrtssammlung der Welt, und zugleich ist das neogotische Museumsgebäude von 1878 das älteste Lagerhaus Hamburgs. Ein durchaus lohnender Anlaufpunkt für alle Maritim-Interessierten, aber auch für Kinder, Souvenirjäger und Austernfreunde, denn hier lockt auch eine Austernbar.

kaispeicher b, koreastraße 1, www.internationales-maritimes-museum.de, telefon: 040 092300, geöffnet: mo-mi & fr-so 10.00-18.00, do 10.00-20.00, eintritt: 12 €, u-bahn: meßberg

㉑ Das **Unileverhaus**, in dem der Unilever-Konzern untergebracht ist, wurde 2009 zum weltbesten Bürogebäude gekürt. Das Atrium ist frei zugänglich und in den Stockwerken darüber arbeiten 1200 Menschen an den neuesten Produkten, die im Unilever-Shop und in der Eisdiele mit herrlicher Terrasse erhältlich sind. Daneben steht Hamburgs teuerster Apartmentkomplex, der Marco Polo Tower. Der Quadratmeter kostet hier schlappe 30000 Euro.
strandkai 1, geöffnet: täglich 8.00-22.00, eintritt: frei, u-bahn: baumwall

㉕ Das neue kulturelle Flaggschiff Hamburgs heißt **Elbphilharmonie**. Der Bau wurde 2007 begonnen und kostet inzwischen das Doppelte des veranschlagten Budgets. Das sensationelle Aushängeschild der Architekten Herzog & de Meuron soll einmal drei Konzertsäle, ein Restaurant im Dachgeschoss mit 360°-Rundblick, 45 Wohnungen und ein Hotel umfassen.
am kaiserkai, www.elbphilharmonie.de/home.de, telefon: 040 35766666, u-bahn: baumwall

㉙ In der **Deichstraße** stehen die ältesten Bürgerhäuser Hamburgs. Ein Blick nach oben lohnt sich, denn die Giebel aus dem 17. und 18. Jahrhundert sind einfach prächtig. Übrigens: In der Hausnummer 42 brach am 5. Mai 1842 der große Stadtbrand aus. Zwischen den Nummern 39 und 41 geht es zum Wasser, wo man eine herrliche Aussicht auf den Fleet hat.
deichstraße, u-bahn: baumwall

㉝ Von der **ehemaligen Hauptkirche St. Nikolai** stand nach 1945 nur noch ein Turm. Der schwarz verbrannte Nikolaiturm, der dritthöchste Kirchturm Deutschlands, ist heute ein Mahnmal für die tragischen Folgen des Zweiten Weltkriegs. Ein gläserner Lift fährt 76 Meter hinauf zur Aussichtsplattform.
willy-brandt-straße 60, www.mahnmal-st-nikolai.de, telefon: 040 371125, geöffnet: mai-sept. 10.00-20.00, okt.-apr. 10.00-17.00, eintritt: 3,70 , u-bahn: rödingsmarkt

㊱ Weiß und stolz liegt das Museumsschiff **Cap San Diego** am Übersee-boulevard. Es ist das größte, fahrbereite Museums-Frachtschiff der Welt. Es kann besichtigt werden, hat ein Bistro und Kajüten zum Übernachten.
überseebrücke, www.capsandiego.de, telefon: 040 364209, geöffnet: täglich 10.00-18.00, eintritt: 7 €, u-bahn: baumwall

Essen & Trinken

(6) Bei **Fillet of Soul**, im Haus der Fotografie bei den Deichtorhallen, gibt es Soulfood in mondäner Atmosphäre. Auf großen Tafeln über der offenen Küche steht das täglich wechselnde Mittags- und Abendmenü: Gerichte in einer überraschenden Kombination aus lokalen und internationalen Zutaten.
deichtorstraße 2, www.fillet-of-soul.de, telefon: 040 70705800, geöffnet: mo 11.00-15.00, di-sa 11.00-0.00, so 11.00-18.00, preis: 18 €, u-bahn: steinstraße

(7) Unter der Eisenbahnbrücke versteckt liegt die **Oberhafenkantine**. Früher trafen sich in diesem windschiefen, riesigen Gebäude nur Hafenarbeiter, heute ist es ein Szenelokal. Noch immer wird Hausmannskost serviert, allerdings - dank der Chefköche Tim Seidel und Sebastian Libbertauf - auf einem äußerst hohen Niveau.
stockmeyerstraße 39, www.oberhafenkantine-hamburg.de,
telefon: 040 32809984, geöffnet: täglich ab 12.00, küche mo-sa bis 22.00,
so bis 20.00, preis: 10,50 €, u-bahn: steinstraße

(10) Nach dem Vorbild von Jamie Oliver gibt der Fernseh- und Meisterkoch Christian Rach in seinem Ausbildungsrestaurant **Slowman** jungen Leuten die Chance, eine Kochlaufbahn einzuschlagen. Der Name erinnert an den Auftraggeber des Chilehauses (in dem sich das Restaurant befindet), Henry B. Sloman. Das Restaurant ist lässig eingerichtet und vor allem der Mittagstisch ist empfehlenswert: ein Vier-Gänge-Menü mit Sushi.
burchardstraße 13, eingang c, www.slowman.de, telefon: 040 337561,
geöffnet: mo-fr ab 12.00, sa ab 18.00, preis: 25 €,
vier-gänge-mittagsmenü 11 €, u-bahn: meßberg

(12) Das historische Gebäude von 1905 ist an sich schon einen Besuch wert, denn es steht stolz und herrschaftlich auf seinem eigenen Pier. Ursprünglich arbeiteten im **Wasserschloss** Hafenleute, doch inzwischen ist es eine Mischung aus Restaurant, Teesalon und Teeladen im modernen Kolonialstil. Man genießt hier einen Tee oder den köstlichen "Schloss-Burger".
dienerreihe 4, www.wasserschloss.de, telefon: 040 558982640,
geöffnet: teesalon & -laden täglich 10.00-19.00, küche mo-fr 12.00-22.00,
sa-so 10.00-22.00, preis: 15 €, u-bahn: meßberg

(13) Kaum zu glauben, dass das kleine, liebevoll eingerichtete **Fleetschlösschen** früher ein Toilettenhäuschen war. Echte Kerle servieren hier einfache Mahlzeiten. Probieren Sie mal den gelben Tee mit Safran, den angeblich iranische Teppichhändler mitgebracht haben.

brooktorkai 17, www.fleetschloesschen.de, telefon: 040 30393210, geöffnet: täglich 8.00-20.00, preis: 7 €, u-bahn: baumwall

(16) Moderne, norddeutsche Küche für Feinschmecker: **Vlet** verwendet die besten Zutaten von Bauern aus der Region. Die Gerichte schmecken erstklassig, die Einrichtung des historischen Lagerhauses ist ebenfalls sehr gelungen. Empfehlenswert: das reichhaltige Käsemenü. Im Erdgeschoss gibt es günstige Mittagsgerichte im Bistro Vlet Kleine Küche.

am sandtorkai 23-24, www.vlet.de, telefon: 040 334753750, geöffnet: mo-fr 12.00-15.00 & 18.00-20.00, sa 18.00-20.00, preis: 22 €, u-bahn: baumwall

(19) Die deutsche Kaffeekette **Campus Suite** ist eine Antwort auf die teuren Starbucks-Läden. Zunächst war sie vor allem bei Studenten beliebt, inzwischen hat sich das preisgünstige Konzept herumgesprochen. Die Filiale mit maritimem Flair am Großen Grasbrook gehört zu den schönsten.

großer grasbrook 10, www.campussuite.de, telefon: 040 23858380, geöffnet: mo-do 7.00-19.30, fr 7.00-20.30, sa 9.00-20.30, so 9.00-19.00, preis: café latte 2 €, u-bahn: baumwall

(20) **Zum Schiffchen** liegt im Herzen der Hafencity. Das erfolgreiche Restaurant aus Düsseldorf zeigt sich hier mit einem neuen Konzept: eine moderne Version des traditionellen Brauhauses, was sich auch in der Speisekarte niederschlägt. Wie wär's mit einem Braumeistersteak?

großer grasbrook 9, www.restaurant-zum-schiffchen.de, telefon: 040 20909758, geöffnet: täglich 11.00-24.00, preis: 16 €, u-bahn: baumwall

(22) Ob Frühstück, Mittag- oder Abendessen, bei **Kaisers** isst man mit einer fürstlichen Aussicht aufs Wasser. Das Bistro und die Sonnenterrasse liegen direkt an der Promenade. Ideal zum People-Spotting! Die köstlichen Flammkuchen darf man sich auf keinen Fall entgehen lassen.

am kaiserkai 23, www.kaisers-hamburg.de, telefon: 040 36091790, geöffnet: täglich 10.00-22.00 (im sommer oft auch länger), preis: 12 €, u-bahn: baumwall

gemüse, Kibelpesto, Senfjus
und jungem Margold   22,50
- Rosa gebratene Lammhüfte
auf Pilzragout, Ziegenfrisch
käse und Salbeiröstkartoffeln 25,50

...dern, Litschen-Couscous
& Krustentierschaum   22,50
- Gebratenes Doradenfilet
mit Kräuterrisotto, glasierten
Maikübchen & Magenbamelde 23,—

...engang
...ta-
...chis
...jungem
...auke
13,50

- Quarkknöd...
Nougatker...
& Vanille

- Karamel...
Thymian...
Filocrun...

Movie Dinner
25.8. Soulkitchen
22.9. Sideways
20.10. Dänische Delikatessen

Movie Dinner
Film + Menü + Kinosnack
Start Menü 19h Film 21h —

KOCHEN mit PATR...
Erntedank
Kreative Herbs...
am. 08. 10

㉓ Spannender Kontrast: ein modernes Hafencitygebäude mit barocker Einrichtung. **Klein und Kaiserlich** nennt sich das Kaffeehaus, und serviert österreichische Kaffeespezialitäten wie "Kleiner Brauner" und "Kaffee Verkehrt". Traditionelle Gerichte wie Weißwurst und Wiener Schnitzel sind hier besonders beliebt.
am kaiserkai 26, www.k-u-k-kaffeehaus.de, telefon: 040 36122480, geöffnet: di-sa 10.00-21.00, so-mo 10.00-18.00, preis: 17,90 €, u-bahn: baumwall

㉔ In ihrem Eisladen, ganz in Fuchsienrot gehalten, verkauft **Miss Sofie** dänische Delikatessen: Softeiskreationen mit so ausgefallenen Namen wie "Couture", aber auch "normales" Eis in außergewöhnlichen Geschmacksrichtungen wie Lakritz und Pfefferminze. Dazu gibt's dänische Biolimonade in schönen Flaschen sowie Hotdogs und Tee.

am kaiserkai 63, www.misssofie.eu, telefon: 040 36905882, geöffnet: mi-so 11.00-18.00 (bei schönem wetter bis spät abends), preis: kugel eis 1,50 €, u-bahn: baumwall

(28) Durch ihre prominente Lage ist die **Speicherstadt Kaffeerösterei** etwas touristisch angehaucht, dennoch kann man hier in echter Speicherstadt-Atmosphäre wunderbar einen frisch gerösteten Kaffee trinken, dessen Stärke man selbst bestimmt. Dazu gibt's einen ausgezeichneten Kuchen.
kehrwieder 5, www.speicherstadt-kaffee.de, telefon: 040 31816161,
geöffnet: täglich 10.00-19.00, preis: kaffeespezialität des tages 2 €,
u-bahn: baumwall

(30) Die **Kajüte 41** ist eine Imbissbude mit einem einzigartigen Flair, das an Seefahrerzeiten oder eine Filmkulisse erinnert. Hier isst man Schnitzel oder Mettbrötchen in einem kleinen, schmalen Raum mit Bullaugen und nur wenigen Stehtischen im Stil der sechziger Jahre.
deichstraße 41, geöffnet: mo-fr 8.00-19.00, preis: snack 4 €,
u-bahn: baumwall, rödingsmarkt

(32) Das barocke Alt-Hamburger Bürgerhaus aus dem Jahr 1700 ist das einzige Gebäude, das den Brand von 1842 vollkommen unversehrt überstanden hat. Inzwischen ist das klassische Restaurant **Schönes Leben** hier eingezogen. Man fühlt sich wie bei einer Baronin zu Gast: Glanz und Gloria, wohin das Auge blickt. Auf der Karte stehen regionale Gerichte wie Hamburger Pannfisch, doch auch leichte Speisen wie Caesar Salad.
deichstraße 37, www.alt-hamburger-buergerhaus.de, telefon: 040 20909790,
geöffnet: täglich 11.00-22.00, preis: 19 €, u-bahn: baumwall

(34) **Colesterine** bietet einen leckeren, schnellen Mittagsimbiss, zum Mitnehmen oder Sofortessen an einem Stehtisch. Zwei freundliche Herren zaubern unter anderem Suppe, Aufläufe, Quiche und Kartoffelsalat.
steinhöft 11, geöffnet: mo-fr 8.00-17.30, preis: mittagessen 4 €,
u-bahn: baumwall

(35) Speisen wie die Seemänner: Im **Feuerschiff** mit gleichnamigem Restaurant kann man sich in authentischer Atmosphäre mit traditionellen Gerichten wie Labskaus und Pannfisch stärken. Nach dem Essen gibt's einen Schnaps in der gemütlichen Bar mit Top-Aussicht und manchmal Live-Jazzmusik. In den Kajüten des Feuerschiffs kann man sogar übernachten.
im city sporthafen, www.das-feuerschiff.de, telefon: 040 362553,
geöffnet: mo-sa 11.00-13.00, so 9.00-23.00, preis: 20 €, u-bahn: baumwall

Shoppen

(2) Die hippe Marke **Freitag** stellt bekanntermaßen Taschen aus Lastwagenplanen her. Neben den groben Schultertaschen haben die Schweizer jetzt auch Damenhandtaschen im Sortiment, die sich vor einer Birkin Bag von Hermès nicht zu verstecken brauchen. Dieser Flagship Store lohnt sich allein schon wegen seiner ausgefallenen Produktpräsentation.
klosterwall 9, www.freitag.ch, telefon: 040 3287020, geöffnet: mo-fr 11.00-20.00, sa 10.00-18.00, u-bahn/s-bahn: hauptbahnhof nord

(3) Im **Antik-Center** bieten vierzig Händler auf tausend Quadratmetern Antiquitäten und Raritäten an. Auch ohne etwas zu kaufen macht es Spaß, sich hier umzusehen. Das kleine Café Villa Rosa ist ideal für eine Pause.
klosterwall 9, telefon: 040 5225261, geöffnet: mo-fr 12.00-18.00, sa 10.00-16.00 (im dez. bis 18.00), u-bahn/s-bahn: hauptbahnhof nord

(11) "Es gibt sie noch, die guten Dinge" ist das Motto des Online-Qualitätsversands **Manufactum**, der im Chilehaus eine Filiale hat. Alle Produkte werden traditionell hergestellt, also ohne Kunststoff.
fischertwiete 2, www.manufactum.de, telefon: 040 30087743, geöffnet: mo-fr 10.00-19.00, sa 10.00-18.00, u-bahn: meßberg

(15) Modeliebhaber finden im **Stoffsüchtig** ganz sicher Inspiration und ein neues Stück. Hier gibt es Kleidung von jungen Designern wie Kilian Kerner, Johnny Love, Qwstion und Sixpack France. Der Shop ist hip, die Einrichtung besteht aus massiven Betonwänden und Holz: ein richtig cooler Laden.
überseeboulevard 2, www.stoffsuechtig-hafencity.de, telefon: 040 97078228, geöffnet: mo-sa 10.00-18.00, u-bahn: meßberg

(31) Die Boutique ist eigentlich französisch, passt aber prima in die Hafenstadt: **Ti Breizh** verkauft maritime Mode, von gestreiften T-Shirts und wollenen Dufflecoats bis hin zu dicken Pullovern. Hinter dem kleinen Laden brutzeln Franzosen in einer Crêperie köstliche Crêpes. Die Terrasse am Wasser ist ein traumhaftes Plätzchen für eine Pause.
deichstraße 39, www.tibreizh.de, telefon: 040 37517815, geöffnet: mo-sa 11.00-20.00, so 12.00-16.00, u-bahn: baumwall

100% there

(4) Über Hamburg schweben und eine tolle Aussicht genießen: Der Ballon **High Flyer** geht im Herzen der Stadt 150 Meter hoch in die Luft und bleibt 15 Minuten lang oben. Tipp: eine Flasche Schampus mitnehmen. Mit dem Ticket gibt es 50 % Ermäßigung für die benachbarten Deichtorhallen.
deichtorstraße 1-2, www.highflyer-hamburg.de, telefon: 040 30086969, geöffnet: täglich 10.00-22.00 (je nach wetter), preis: 15 €, u-bahn: steinstraße

(8) Wer einmal wissen möchte, wie es ist, blind zu sein, kann dies im **Dialog im Dunkeln** erleben. In stockfinsteren Räumen werden verschiedene Umgebungen nachgestellt, z. B. eine Bar oder ein Park mit Gerüchen, Geräuschen, Wind, Temperatur und verschiedenen Oberflächen. Ein blinder Begleiter hilft dem Besucher, unversehrt den Weg zu finden. Anschließend können Fragen gestellt werden. Bitte vorher reservieren.
alter wandrahm 4, www.dialog-im-dunkeln.de, telefon: 040 3096340, geöffnet: di-fr 9.00-17.00, sa 10.00-20.00, so 11.00-19.00, eintritt: 15 €, u-bahn: meßberg

(17) Der **Elbphilharmonie-Pavillon** zeigt nicht nur eindrucksvoll, wie die Elbphilharmonie einmal aussehen soll (oben an der Treppe sieht man das Modell), es werden auch verschiedene klassische Komponisten mit Tonbeispielen vorgestellt. Dazu legt man das Ohr an trompetenförmige Ausbuchtungen - und schon sind Zeit und Raum vergessen. Spannend: Jeden Sonntag von 11.00 bis 16.00 Uhr starten hier unangekündigte Gratisführungen zur Elbphilharmonie. Nur für Geduldige ohne Höhenangst.
osakaallee 14 (magellan-terrassen), geöffnet: do-so 10.00-17.00, eintritt: frei, u-bahn: baumwall

(18) Wo 1866 die Schiffe anlegten, um ihre Waren zu löschen, liegen heute die **Magellan-Terrassen**. Inzwischen wird hier das Gegenteil von Arbeit zelebriert: Auf den drei Stufen, in Amphitheaterform angelegt, kann man wunderbar den Binnenhafen überblicken, den Bau der Elbphilharmonie beobachten oder einfach die Sonne genießen. Im Sommer dienen die Treppen als Bühne für Kleinkunstauftritte.
großer grasbrook, sandtorhafen, u-bahn: baumwall

ELBPHILHARMONIE-PAVILLON ⑰

(26) Im kleinen **Afghanischen Museum** lernt der Besucher spielerisch das traditionelle Afghanistan näher kennen - in prächtig gestalteten Räumen mit einem wahren Schatz an interessanten Objekten. Wie in orientalischen Ländern üblich, ist der Eintrittspreis Verhandlungssache. Direkt daneben liegt Spicy's Gewürzmuseum (*www.spicys.de*) mit über fünfzig Gewürzen zum Riechen, Fühlen und Schmecken.

am sandtorkai 32-1, www.afghanisches-museum.de, telefon: 040 378236, geöffnet: täglich 10.00-17.00, eintritt: 3,50 €, u-bahn: baumwall

(27) Das beeindruckende **Miniatur-Wunderland** mit der größten Modelleisenbahn der Welt bezaubert durch verschiedene Landschaften und kleine Details. Und alle 15 Minuten passiert etwas ganz Besonderes: Im Zeitraffer wird es Nacht und alle Lichter gehen an. Nur eine begrenzte Besucherzahl darf hinein, darum muss man manchmal lange warten. Um das zu vermeiden, kauft man am besten schon vorher auf der Website ein Ticket für einen bestimmten Zeitpunkt. Auch das Spielzeugmuseum in der obersten Etage ist sehr lohnenswert (*www.dachbodenbande.de*).

kehrwieder 4, www.miniatur-wunderland.com, telefon: 040 3006800, geöffnet: mo, mi-fr 9.30-18.00, di 9.30-21.00, sa 8.00-21.00, so 8.30-20.00, eintritt: 10 €, u-bahn: baumwall

Hafencity & Speicherstadt

Start am Hauptbahnhof Süd, Ausgang Steintordamm. Rechts vom Museum (1) zur Altmannbrücke. Dann rechts abbiegen und links in den Klosterwall (2) (3). Zur Deichtorstraße und dort Hamburg von oben ansehen (4). Auf dem Gelände der Deichtorhallen (5) (6) an der Buchhandlung die Treppe hinunter und rechts in die Altländerstraße. Dann in die Oberhafenstraße (7). Weiter durch die Stockmeyerstraße. Wenn möglich, über die Brücke in die Poggenmühlestraße (sonst über die Shanghaiallee und den Brooktorkai). Reservieren Sie einen Platz im Alten Wandrahm (8). Lust, ein Architektur-Highlight zu sehen? Dann über die Fußgängerbrücke und geradeaus (9) (10) (11). Zurück zum Alten Wandrahm, die Straße überqueren und links in die Dienerreihe (12). Rechts in die Holländische Brook und links die Brücke zum Brooktorkai überqueren. An der Ecke Mittagspause (13) mit Aussicht auf das Maritime Museum (14). Schräg rechts gegenüber shoppen auf dem Überseeboulevard (15). Wieder zurück, auf der anderen Seite links über die Neuerwegsbrücke und in den Pickhuben. An der Fußgängerbrücke links über den Kibbelsteg. Straße Am Sandtorkai (16) überqueren und durch Großen Grasbrook (17) (18) (19) (20) bis zur Elbe (21) gehen. Ein Stück zurück und links abbiegen über den Kaiserkai (22). In der Mitte die Treppe zu einem kaiserlichen Mahl (23) oder einem dänischen Eis (24) nehmen. Am Ende treffen Sie auf Hamburgs meistdiskutiertes Gebäude (25). Dann rechts über die Brücke und Am Sandtorkai entlang. Wieder nach rechts und weiter am Wasser entlang. Die Treppe (26) zur Hälfte ersteigen und dann weiter am Kai entlang. Am Ende links die Treppe hoch und wieder über den Kibbelsteg. Links in den Brook einbiegen, der in den Kehrwieder (27) (28) übergeht. Rechts über die Fußgängerbrücke, geradeaus in die Deichstraße (29) (30) (31) (32). Am Ende mit der Rolltreppe über die Straße, um den St. Nikolaiturm (33) zu besichtigen. Der Spaziergang wird scharf rechts über die Holzbrücke fortgesetzt. Am Ende nach rechts, über die Hohe Brücke. Den Rödingsmarkt überqueren und hinter der Brücke links in den Steinhöft (34). Weiter bis zum Baumwall. Hier ein Seefahrermahl genießen (35) oder zum Abschluss das Museumsschiff besichtigen (36).

3

In den letzten Jahrzehnten hat sich das Schanzenviertel von einem Arme-Leute-Viertel zum Zentrum der alternativen Szene verwandelt. In der Nazi-Zeit und später in den Siebziger- und Achtzigerjahren, als Studenten die Schanze als billiges Wohnviertel entdeckten, dominierte hier die Protestbewegung. Vor allem rund um die Rote Flora gab es häufig Ausschreitungen. Bis heute konnte sich die Schanze ihren alternativen Charakter größtenteils erhalten, trotz zunehmender Kommerzialisierung und des Zustroms Hamburger Yuppies.

Direkt neben dem alten Schanzenviertel liegt das Karolinenviertel. Beide Viertel sind über das ehemalige Schlachthofgelände hinter der Schanzenstraße miteinander verbunden. Auf diesem Gelände findet jeden Samstag ein Flohmarkt statt. Hauptstraße des Karolinenviertels ist die Marktstraße, auf der sich ein kleiner Laden an den anderen reiht. Hier stellen viele Kreative ihre Arbeiten aus, große Ladenketten haben sich hier - zum Glück - (noch) nicht niedergelassen.

6 Insider-Tipps

Jimmy Elsass

In entspannter Atmosphäre Flammkuchen genießen.

Planten un Blomen

Die botanischen Gärten in Hamburgs schönstem Park besuchen.

Secret Store

Auf die Suche nach dem geheimen Laden gehen.

Schanzen-Flohmarkt

Samstags in Secondhand-Sachen stöbern.

Herr Max

Kaffee & Kuchen in einer alten Metzgerei bestellen.

Fotoautomat

Witzige Fotos von sich selbst schießen.

Sehenswürdigkeiten   Essen & Trinken

Shoppen   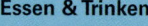 100% there

Sehenswürdigkeiten

(6) **Planten un Blomen** ist Hamburgs schönster Park. Zwischen liebevoll angelegten Blumenwiesen, Teichen und Terrassen kann man mitten in der Stadt wunderbar relaxen. Der Park umfasst auch einen botanischen Garten, tolle Kinderspielplätze sowie einen traditionellen japanischen Garten mit Teehaus. Im Sommer gibt es jeden Abend am See im nördlichen Parkbereich eine Lichtshow (Wasserlichtorgel).
eingang u. a. am messeplatz und an der marseillerstraße,
www.plantenunblomen.hamburg.de, telefon: 040 428232150,
geöffnet: apr. 7.00-22.00, mai-märz 7.00-23.00, lichtshow mai-sept. 22.00,
eintritt: frei, u-bahn: messehallen, s-bahn: dammtor

(10) Der bedrohlich wirkende **Hochbunker** mit seinen Luftabwehrkanonen wurde im Zweiten Weltkrieg von den Nazis gebaut. Die Architekten bezeichneten ihn als unzerstörbar - und das stimmte auch. Heute bietet der kolossale Betonbau Platz für kreative Kleinunternehmen, einen Nachtclub und ein Loungecafé: Chillen zwischen dicken Mauern.
feldstraße 66, geöffnet: täglich, eintritt: frei, u-bahn: feldstraße

(32) Die umstrittene **Rote Flora** ist ein altes Theater, das 1989 besetzt wurde. Seit dieser Zeit befindet sich hier das Zentrum der Hamburger Linken. 2001 verkaufte die Stadt das historische Gebäude an einen Investor, doch bis heute kämpfen die Anhänger der Roten Flora um den Erhalt ihres kulturellen und politischen Treffpunkts. Dabei kommt es immer wieder zu Demonstrationen und Protestkundgebungen. Wer einmal einen Blick ins Innere werfen möchte: Der Eingang befindet sich an der rechten Seite.
schulterblatt 71, www.rote-flora.de, eintritt: frei, u-bahn/s-bahn: sternschanze

Essen & Trinken

(1) **Hallo Kleines!** hinterlässt mit seinen weiß gestrichenen Antikmöbeln und dem hellen Holzfußboden einen sehr skandinavischen Eindruck. Unbedingt probieren: den hausgemachten Kuchen und die Rhabarberschorle.
weidenallee 61, www.hallo-kleines.de, telefon: 040 38669333,
geöffnet: mo-sa 10.00-18.00, preis: stück kuchen 4 €, u-bahn: christuskirche

(2) Ein echter Geheimtipp ist **Jimmy Elsass**, ein nettes Café mit einem Hauch 70er-Jahre und dem leckersten Flammkuchen der Stadt. Statt Besteck gibt es einen Pizzaschneider. Im Sommer sitzt man im Freien auf Baumstämmen oder an Holztischen.
schäferstraße 26, telefon: 040 44195965,
geöffnet: mo-fr ab 17.00, sa-so ab 18.00, preis: 8 €, u-bahn: christuskirche

(5) Am Rand des Schanzenparks liegt das **Café SternChance**, ein gemütliches Café im Grünen mit einem großen Garten und Kinderspielplatz. Es gibt ein Frühstücks- und Mittagsbüfett sowie eine einfache Abendkarte.
schröderstiftstraße 7, www.sternchance.de, telefon: 040 43281894,
geöffnet: täglich 8.00-23.00, preis: 9 €, u-bahn: sternschanze

(7) Das Restaurant **4 Experiment Gastraum** wird von vier befreundeten Köchen geführt, die alle mit ihren eigenen Ideen experimentieren. So gibt es Fleischgerichte, auf vier verschiedene Arten zubereitet, und manchmal wird der Teller noch mit Popcorn garniert. Die coolen Kerle stehen abwechselnd in der Küche und im Servicebereich. Die kleine Karte wird jeden Tag neu zusammengestellt, es gibt saisonale Produkte und Fleisch aus der Region.
karolinenstraße 32, www.4experiment.de, telefon: 040 43188432,
geöffnet: mo-sa ab 19.00, preis: 22 €, u-bahn: messehallen

(8) Im **Café Klatsch** wird den ganzen Tag hindurch Frühstück serviert. Die kitschige Einrichtung ist etwas in die Jahre gekommen, aber dennoch gemütlich. Das Frühstück stellt man sich auf einer Ankreuzliste zusammen, zum Beispiel Ziegenkäse, Avocado, Grapefruit und Quark.
glashüttenstraße 17, telefon: 040 4390443, geöffnet: mo-so 10.00-20.00,
preis: standardfrühstück 5,50 €, u-bahn: messehallen, feldstraße

PANTER ⑨

⑨ **Panter** bezeichnet sich selbst als "Cafébarkitchen". Auf jeden Fall sind hier all jene gut aufgehoben, die bei einem Milchkaffee und einem kleinen Imbiss eine Verschnaufpause einlegen möchten. Die einfachen Pastagerichte, Panini und Salate sind von Bio-Qualität und ausgesprochen lecker. Im hippen Café dienen Turngeräte als Sitzgelegenheit. Wer will, kann also nach dem Essen die Pfunde gleich wieder wegtrainieren.

marktstraße 3, telefon: 040 436218, geöffnet: di-sa 10.00-22.00, so-mo 12.00-18.00, preis: 6 €, u-bahn: messehallen, feldstraße

⑮ Bei **Karo Ecke** trifft man sich zum Brunch oder auf einen Samstagskaffee nach dem Flohmarktbesuch. Wer Glück hat, erwischt einen Platz auf der Terrasse unter den Bäumen. Auch abends sehr gemütlich.

marktstraße 92, telefon: 040 449159, geöffnet: mo-so 11.00-3.00,
preis: brunch 7 €, u-bahn: feldstraße

㉑ Niemand weiß, wie diese Bar eigentlich genau heißt: **Zoë 2**, **Sub** oder **Sofabar**. Fest steht, dass hier viele Sofas stehen, auf denen man mit einem kühlen Astra oder einem Wodka-Ahoi (Wodka mit Brausepulver) abhängen kann. Immer gemütlich, immer voll.

neuer pferdemarkt 17, geöffnet: mo-do 14.00-2.00, fr 14.00-4.00,
sa 12.00-4.00, so 12.00-1.00, preis: 7 €, u-bahn: feldstraße

㉒ Im hippen **Hatari** wird Pfälzer Küche serviert: Maultaschen, Käsespätzle und Saumagen. Die Wände sind mit Gemälden und Geweihen geschmückt, die Atmosphäre ist locker-entspannt.

schanzenstraße 4, telefon: 040 43208866, geöffnet: mo-sa ab 12.00,
so ab 18.00, preis: 10 €, u-bahn: feldstraße

㉔ **Erika's Eck** ist Kult. Wegen der ungewöhnlichen Öffnungszeiten (die ganze Nacht geöffnet) frühstücken hier um vier Uhr morgens die Taxifahrer, während die Nachtschwärmer ihr letztes Bier bestellen. Und dann gibt's nachts auch noch belegte Brötchen für 90 Cent! Tagsüber locken 250-Gramm-Schnitzel für neun Euro auch Familien und Studenten in die Kneipe.

sternstraße 98, www.erikas-eck.de, telefon: 040 433545,
geöffnet: täglich 17.00-14.00, sa-so geschlossen von 9.00-17.00,
preis: schnitzel 9 €, u-bahn/s-bahn: sternschanze

㉕ Zwei Konzepte auf einen Schlag: Abends lässt Koch Thorsten Gillert seine Gäste im **Artisan** ungewöhnliche Kombinationen wie Fisch mit Beeren und Bohnen probieren - umwerfend gut und unvergesslich. In der **Bude 1** dagegen geht es bodenständiger zu: Es gibt Brot mit hausgemachter Pastete, Apfel und Senfmayo sowie köstlich gewürzte Suppen.

kampstraße 27, www.artisan-hamburg.com, telefon: 040 42102915,
geöffnet: di-sa 12.00-14.30 & ab 19.00, preis: menü 65 €, suppe 4-9 €,
u-bahn/s-bahn: sternschanze

KARO ECKE ⑮

㉖ Das Restaurant **Bullerei** von Fernsehkoch Tim Mälzer ist eine spektakulär renovierte, ehemalige Schlachthalle im Herzen der Schanze. Industry meets Shabbychic. Die Tische stammen von Piet Hein Eek, und das Flair des Restaurants ist mindestens genauso lohnenswert wie die moderne deutsche Küche mit südeuropäischem Einschlag. Tagsüber ist das Deli fürs Mittagessen geöffnet. Lecker und empfehlenswert.

lagerstraße 34b, www.bullerei.com, telefon: 040 33442110,
geöffnet: deli ab 11.00, restaurant ab 18.00, preis: 18 €,
u-bahn/s-bahn: sternschanze

(27) It's all in the mix: In der **Hoffski Müslibar** lässt sich das eigene Biomüsli aus fünfzig verschiedenen Zutaten zusammenstellen - zum Mitnehmen oder zum Sofortessen im Laden. Mittags gibt es auch leckere Quiche und Torte.
bartelstraße 8, www.hoffski.de, telefon: 040 79696878,
geöffnet: mo-fr 8.30-19.00, sa 10.00-17.00, preis: müsli 1,80 € pro 100 g,
u-bahn/s-bahn: sternschanze

(29) Im Schanzenviertel ist **Herr Max** der Treffpunkt für Liebhaber von Kaffee & Kuchen. Hier ist es immer voll, das heißt, häufig gibt es eine lange Schlange vor der Selbstbedienungstheke mit den herrlichen Torten. Die leicht kitschigen Jugendstil-Fliesen stammen noch aus der Zeit, als das Café eine Metzgerei war.
schulterblatt 12, www.herrmax.de, telefon: 040 69219951, geöffnet:
täglich 10.00-19.00, preis: stück kuchen 3 €, u-bahn/s-bahn: sternschanze

(30) Auf der gemütlichen Terrasse des **Cafés unter den Linden** sind Gäste bis spätabends willkommen. Kein Terrassenwetter? Auch im nostalgisch eingerichteten Café lässt es sich bei leckeren Sandwiches und hausgemachten Torten sehr gut aushalten.
juliusstraße 16, www.cafe-unter-den-linden.net, telefon: 040 438140,
geöffnet: täglich 9.30-1.00, preis: stück kuchen 3,20 €,
u-bahn/s-bahn: sternschanze

(33) Die **Piazza** ist der bekannteste Teil des Schulterblatts, hier reiht sich ein Straßenrestaurant ans andere. Früher gab es fast nur portugiesische Lokale, inzwischen ist das Angebot abwechslungsreicher. Einheimische und Touristen genießen Antipasti im Supermercato Italiano oder eine Caipirinha im extrem beliebten Café Katze.
schulterblatt, zwischen susannenstraße und eifflerstraße,
u-bahn/s-bahn: sternschanze

(36) **Gloria** hat gleich mehrere Pluspunkte: eine schöne Terrasse, eine tolle Atmosphäre und ein nettes Publikum. Die Abendkarte besteht aus einfachen Pastagerichten und Salaten, manchmal auch Couscous mit Bratfisch. Der perfekte Start für einen aufregenden Schanzen-Abend.
bellealliancestraße 31-33, www.gloriabar.de, telefon: 040 43290464,
geöffnet: täglich ab 10.00, preis: 8,50 €, u-bahn: christuskirche

㊲ **Vienna** wird auch das "kommunikativste Restaurant Hamburgs" genannt, denn es ist fast unmöglich, sich nicht in das Gespräch am Nebentisch einzumischen. Die Einrichtung des kleinen österreichischen Bistros ist einfach, klassisch und sehr gemütlich. Neben vielen originellen Gerichten wie Wantan und selbstgemachter Wurst gibt es natürlich auch das klassische Wiener Schnitzel. Reservieren ist nicht möglich, aber das Warten an der Bar lohnt sich.

fettstraße 2, www.vienna-hamburg.de, telefon: 040 4399182,
geöffnet: di-so 13.00-2.00 (küche 19.00-23.00), preis: 16 €,
u-bahn: christuskirche

③ PERLE

Shoppen

(3) **Perle** ist tatsächlich eine Perle. Man weiß einfach nicht, wo man anfangen soll: Es gibt Damenmode von APC, Wood Wood und Schiesser, Taschen von Keecie und Schmuck von David & Martin. Außerdem Baby- und Kinderkleidung, Spielzeug, Seifen sowie Wohn- und Küchenaccessoires kleiner Marken, jedes Teil hübscher als das andere.
weidenallee 23, www.perle-shop.de, telefon: 040 28781227,
geöffnet: mo-fr 11.00-19.00, sa 11.00-16.00, u-bahn: christuskirche,
u-bahn/s-bahn: sternschanze

(11) Immer noch nicht gut behütet? Bei **Rotkäppchen Design** ändert sich das schnell. Hier findet jeder einen passenden Hut oder eine Mütze. Dieser Laden erfreut einfach das Herz, denn er steckt voller bunter, witziger Kopfbedeckungen aus der Hand der Modistin Ursula Anna Machalett.
glashüttenstraße 102, www.rotkaeppchen-designs.de,
telefon: 040 88145364, geöffnet: mo-fr 12.00-19.00, sa 11.00-16.00,
u-bahn: feldstraße

(12) Sie nennen sich selbst eine schwer erziehbare Künstlerfamilie. Im **Elternhaus** wird nach eigener Aussage keine Mode gemacht, sondern Kleidung mit Statements versehen, zum Beispiel "Arbeit macht Arbeit". Für die Werbung sorgt der Träger oder die Trägerin, die Straße wird zum Ausstellungsraum. Der Laden mit Holzboden und antiken Möbeln hat etwas von einer Jagdhütte. Brauchen Sie noch ein Teil für den Stadtguerilla-Look? Es gibt hier auch Schmuck, zum Beispiel eine Kette mit silberner Handgranate.
marktstraße 29, www.elternhaus.com, telefon: 040 4308830,
geöffnet: mo-sa 11.00-19.00, u-bahn: feldstraße

(13) Dandy-Design für Herren und Damen mit Sinn für Qualität: Die Entwürfe von **Herr von Eden** werden aus den besten Stoffen nach Originalschnittmuster im Vintage-Stil erstellt. Für den individuellen Touch werden die Dreiteiler und Oberhemden mit trendigen Elementen versehen. Promis wie Jan Delay sind hier Stammkunden.
marktstraße 33, www.herrvoneden.com, telefon: 040 4390057,
geöffnet: mo-fr 10.30-20.00, sa 10.30-18.00, u-bahn: feldstraße

17 HANSEPLATTE

(14) Keine auf Retro gemachten Klamotten, sondern echte Originale gibt's bei **Hot Dogs**. Der Laden hängt und liegt voll mit Sportkleidung aus den Siebziger- und Achtzigerjahren - von Trainingsjacken und Schweißbändern über Gymnastikanzüge bis hin zu Turnschuhen, die sogar Sammlerwert haben. Außerdem gibt es schöne Lederstiefel und die großartige Marke Zirkeltraining, die Produkte aus alten Turnmatten und Leder herstellt.
marktstraße 38, telefon: 040 43274157,
geöffnet: mo-fr 10.30-19.30, sa 10.00-19.00, u-bahn: feldstraße

(16) Pssst, nicht weitersagen! Der **Secret Store** ist eigentlich unauffindbar, es sei denn, man hat von anderen erfahren, wie man dorthin gelangt. Der geheime Laden verkauft Klamotten mit Aufdruck unter dem Namen Luki. Das Motto lautet: "Spread the Smile". Im Innenhof wird gegrillt, Graffiti gesprüht oder kreativ experimentiert. Also: Nicht aufgeben und weitersuchen.
laeiszstraße 16, www.lukiworld.com, telefon: 040 20916767,
geöffnet: do-fr 16.00-21.00, sa 12.00-20.00, u-bahn: feldstraße

(17) Das gesamte Sortiment des Plattenladens **Hanseplatte** ist "Made in Hamburg": Musik, aber auch Poster, Karten, Taschen, T-Shirts, Geschirr sowie lustige Gadgets. Einfach mal hereinschauen und rumstöbern.
neuer kamp 32, www.hanseplatte.de, telefon: 040 28570193,
geöffnet: mo-fr 11.00-19.00, sa 10.00-18.00, u-bahn: feldstraße

(19) **Kleidermarkt** ist ein Secondhand-Paradies mit Schätzen aus vergangenen Zeiten: von langen Ledermänteln und Petticoats bis hin zu Lederhosen und Original-Baseballjacken. Dienstags von 11.00 bis 15.00 Uhr ist Happy Hour mit 20 % Rabatt.
neuer kamp 23, www.kleidermarkt.de, telefon: 040 433717,
geöffnet: mo-fr 11.00-19.00, sa 11.00-17.00, u-bahn: feldstraße

(20) Im ehemaligen Schlachthof verkauft **Wohnkultur 66** klassisches skandinavisches Design des 20. Jahrhunderts. Hier gibt es Möbel des dänischen Designers Finn Juhl sowie von Alvar Aalto, Borge Mogensen und Poul Kjaerholm. Ein Muss für alle Hobby-Innenarchitekten.
sternstraße 66, www.wohnkultur66.de, telefon: 040 436002,
geöffnet: di-sa 12.00-18.00, u-bahn/s-bahn: sternschanze

(23) Der Familienbetrieb **Wohngeschwister** begann mit der Herstellung maßgefertigter Möbel. Inzwischen gibt es im Hof hinter dem Laden in der Schanzenstraße noch ein zweites, größeres Geschäft voller ausgefallener Möbelstücke, bunter Wohnaccessoires und mit jeder Menge schöner Geschenkideen. Nehmen Sie sich ein Stück Schanzen-Flair mit nach Hause.
schanzenstraße 34-36 (innenhof), www.die-wohngeschwister.de,
telefon: 040 63657590, geöffnet: mo-fr 11.00-19.30, sa 11.00-19.00,
u-bahn/s-bahn: sternschanze

(28) Fashionjäger sollten unbedingt einen Abstecher zum **Mono Concept Store** einplanen. Der minimalistische Laden verkauft bezahlbare Damen- und Herrenmode von überraschenden Marken aus Skandinavien, den Niederlanden, Frankreich und Deutschland, wie Makia, Rules by Mary und Ontour. Es gibt auch ein eigenes Label namens Mono Concept.
rosenhofstraße 5, www.mono-concept.com, telefon: 040 76993101,
geöffnet: mo-fr 11.30-19.30, sa 11.30-18.30, u-bahn/s-bahn: sternschanze

(31) **Wie es euch gefällt** wird jeder Frau gefallen: individualistische, aufregende und romantische Kleidung junger Designer für den großen und kleinen Geldbeutel. Die raffinierten Accessoires werden witzig auf mehrstöckigen Tortenetageren und in Vogelkäfigen präsentiert. Die Atmosphäre ist relaxt, sonntags wird den Kundinnen und ihren Begleitern sogar Kaffee serviert. Die Kleidung darf dann zwar nicht verkauft werden, aber man kann ja schon mal schauen, anprobieren und am Montag wiederkommen.
juliusstraße 16, www.wieeseuchgefaellt.blogspot.com,
telefon: 040 51909977, geöffnet: mo-fr 11.00-19.00, sa 11.00-17.00
(so kein verkauf, nur anprobe), u-bahn/s-bahn: sternschanze

100% there

(4) Die eigenen Sinne schärfen - dazu lädt die **Unsichtbar** ein. In Deutschlands erstem Dunkel-Restaurant wird beim Eintreten bestellt, dann führt Sie ein persönlich zugeteilter (blinder) Ober in "seine Welt". Das Essen ist gut, aber eigentlich geht es eher um das einmalige Erlebnis und die Frage: Wie sehen wohl die Leute neben mir aus?
kleine schäferkamp 36, www.unsicht-bar.com, telefon: 040 41469330, geöffnet: mi-so 18.00-00.00, preis: 38 €, u-bahn/s-bahn: sternschanze

(18) Samstags ist der **Schanzenflohmarkt** auf dem alten Schlachthofgelände ideal, um zur Schnäppchenjagd zu blasen. Alter Krempel und Antiquitäten, Kitsch und Design - hier gibt es einfach alles. In den vielen Cafés rundherum kann man eine Verschnaufpause einlegen.
feldstraße 30, www.marktkultur-hamburg.de/flohschanze.html, geöffnet: sa 8.00-16.00, eintritt: frei, u-bahn: feldstraße

(34) Um diesen Berg zu bezwingen, muss man nicht weit reisen. Im Herzen des Schanzenviertels, hinter der Roten Flora, wurde ein alter Bunker zum Kletterberg **Kilimanschanzo** umfunktioniert. 55 Kletterrouten führen auf den "Gipfel". Normalerweise muss man Mitglied sein, aber jeden Sonntag gibt es nachmittags ein Gratis-Probeklettern.
florapark (eingang schulterblatt oder juliusstraße), www.kilimanschanzo.de, telefon: 040 25485429, geöffnet: apr.-okt. (bei gutem wetter) freiluftklettern so 15.00-17.30, u-bahn/s-bahn: sternschanze

(35) Lustige Fotos aus einem **Photoautomaten** sind derzeit äußerst beliebt und werden vorzugsweise nachts nach einer ausgiebigen Kneipentour gemacht. Die Automaten aus den Sechzigern und Siebzigern haben inzwischen Kultstatus erreicht, eine Schlange davor ist also nichts Ungewöhnliches. Für nur zwei Euro gibt es Spannung, einen Blitz, dann einen Lacher und eine bleibende Schwarz-Weiß-Erinnerung. Weitere Automaten stehen auf dem Schlachthofgelände und in der Barbarabar auf dem Hamburger Berg.
schulterblatt 73 (neben kulturhaus III&70), www.photoautomat.de, preis: 2 €, u-bahn/s-bahn: sternschanze

FOTOAUTOMAT ㉟

Schanzenviertel & Karolinenviertel

Ab U-Bahn-Station Christuskirche in die Weidenallee ① ②. Links in der Schäferstraße schnell einen Platz für den leckersten Flammkuchen der Stadt reservieren und dann weiter durch die Weidenallee ③. Links in den Kleinen Schäferkamp einbiegen ④. Vor der Kreuzung rechts in den Park. Weiter geradeaus am alten Wasserturm vorbei. Links in den Rad- und Spazierweg einbiegen ⑤ und dann nach rechts. Zur Linken liegt jetzt der schönste Park von Hamburg ⑥. Geradeaus in die Karolinenstraße ⑦. Rechts durch die Karolinenpassage und dann links in die Glashüttenstraße einbiegen. Entweder hier frühstücken ⑧ oder sich links in der Marktstraße einen kleinen Snack holen ⑨. Rechts in die Karolinenstraße und dann rechts durch die Feldstraße ⑩. Wieder rechts in die Glashüttenstraße ⑪ und dann links in die Marktstraße zum Shoppen ⑫ ⑬ ⑭ ⑮. Rechts in der Laeiszstraße den geheimen Laden suchen ⑯ und dann weiter durch die Schlachthofpassage ⑰ ⑱. Um zum Kleidermarkt ⑲ zu gelangen, gehen Sie auf der Sternstraße nach links. Skandinavisches Design findet man ein Stück weiter rechts ⑳, der Spaziergang wird in der Beckstraße fortgesetzt. Am Ende ㉑ geht's rechts zur Schanzenstraße ㉒ ㉓. Dann rechts abbiegen und durch die Kampstraße ㉔ ㉕. Bei Erika's Eck in die Sternstraße einbiegen. Am Ende die Lagerstraße überqueren, aufs Gelände des früheren Schlachthauses. Links durch die Hallen bis zur Vorderseite gehen ㉖. Dann die Treppe hinunter und links in die Schanzenstraße. Am 3001 Kino in die Gasse zur Bartelsstraße ㉗ einbiegen. Erst rechts, dann links in die Susannenstraße ㉘. Auf dem Schulterblatt nach links gehen ㉙. Rechts in die Lerchenstraße und wieder rechts in die Lippmannstraße. Rechts in die Juliusstraße ㉚ ㉛ und dann links über das Schulterblatt, an der Roten Flora ㉜ vorbei und über die Piazza ㉝. Im Florapark ㉞ klettern gehen oder lustige Fotos machen ㉟. Weiter geradeaus über das Schulterblatt, die Max-Brauer-Allee überqueren und rechts in die Amandastraße. Links in die Lindenallee gehen und zur Belleallaincestraße ㊱ gelangen. Hier an der Ecke oder noch ein Stück weiter in der Fettstraße ㊲ den Abend beginnen.

4

spürt. Die Atmosphäre in den Cafés und Restaurants ist jedoch bemerkenswert relaxt und gemütlich. Einkaufen kann man auf dem Lehmweg, der Eppendorfer Landstraße und auf dem Öko-Isemarkt.

An der Alster liegt Harvestehude mit seinen Millionärsvillen und Botschaften. Hier haben sich auch viele Werbeagenturen und Antiquitätenhändler niedergelassen. Die historische Milchstraße ist der Beginn des Luxusviertels Pöseldorf. Geruhsam, gediegen und gepflegt.

Westlich von Harvestehude liegt Rotherbaum, das in den zwanziger Jahren das Zentrum der jüdischen Gemeinde war. Einzelne Cafés haben noch jüdische Eigentümer, es gibt ein jüdisches Theater und eine Synagoge. Die Luxusboutiquen und Juweliere wechseln sich mit Secondhandläden und Copyshops ab, denn die Uni liegt um die Ecke. Auf dem Allendeplatz ist immer etwas los, hier tummeln sich die Studenten und ausgehfreudigen Hamburger.

6 Insider-Tipps

ONO

In einem der stadtbesten japanischen Restaurants speisen.

7. Zimmer

Einen Speicher voller Secondhandklamotten entdecken.

Petit Café

Für den begehrtesten Kuchen der Gegend anstehen.

Isemarkt

Über den einen Kilometer langen Biomarkt schlendern.

Alsterpark

Boote angucken und an der Alster picknicken.

Ponybar

Wohnzimmeratmosphäre in einer hippen Studentenkneipe schnuppern.

- Sehenswürdigkeiten
- Shoppen
- Essen & Trinken
- 100% there

Sehenswürdigkeiten

(27) Die **Hauptkirche St. Nikolai** wurde 1962 als Nachfolgerin der im Krieg zerstörten ehemaligen Hauptkirche St. Nikolai, die in der Innenstadt stand, errichtet. Das Kirchengebäude hat eine runde Form, der vordere Teil mit dem spitzen, kupfergrünen Turm ist jedoch rechteckig und bildet auch farblich einen interessanten Kontrast zum Rest der Kirche.
harvestehuder weg 118, www.hauptkirche-stnikolai.de, telefon: 040 4411340, geöffnet: täglich 8.00-18.00, eintritt: frei, u-bahn: klosterstern

(29) Die historische **Milchstraße** mit ihrer beinahe dörflichen Atmosphäre liegt im vornehmen Viertel Pöseldorf. Beim Bummeln durch die Straße beeindrucken die herrlichen Gebäude und Villen mit ihren Türmchen und Ornamenten an der Fassade. In der Milchstraße liegen auch das Alt Pöseldorfer Bierhaus, schicke Designerboutiquen und nette Cafés.
milchstraße, u-bahn: hallerstraße

(32) Das **Fernmeldeamt** von 1907 ist ein faszinierendes Beispiel neogotischer Architektur und steht unter Denkmalschutz. Das Sandsteingebäude ist fast vollständig mit Efeu bewachsen, die schönen Details sind aber noch sichtbar. Heute ist hier die Post untergebracht.
schlüterstraße 51, u-bahn: hallerstraße

Essen & Trinken

(3) In der **Speisekammer** zu frühstücken, ist einfach ein Traum: Das Essen ist raffiniert und wird mit viel Liebe zusammengestellt. Das stilvolle Café mit der Holzterrasse ist aber auch optisch ein Genuss. Auf der Karte stehen hausgemachte Kuchen, Scones und Brioches, und es gibt ein täglich wechselndes Mittagsgericht.
weidenstieg 5a, www.hamburg-speisekammer.de, telefon: 040 40188124,
geöffnet: mo-fr 9.00-19.00, sa 9.00-18.00, so 10.00-18.00,
preis: frühstück 9 €, u-bahn: christuskirche

(6) "Respecting coffee" ist das Motto von **Black Delight**. Hier sieht und schmeckt der Gast, was ein wirklich guter Kaffee ist. Man ist Meister in der Kunst, perfekten Café Latte und Cappuccino zuzubereiten. In dem kleinen Café mit Terrasse herrscht eine sehr relaxte und angenehme Atmosphäre.
eppendorfer weg 67, www.blackdelight.de, telefon: 040 89066549,
geöffnet: mo-fr 8.00-19.00, sa 10.00-17.00, so 12.00-18.00,
preis: tasse kaffee 2,80 €, u-bahn: christuskirche

(7) Sind wir noch in Hamburg? Die italienische Familie Oronato verwöhnt ihre Gäste in der kleinen Trattoria **Mercato Venezia** mit gutem Espresso, prima Wein, Pasta al dente, Ciabatta Mortadella und köstlichen Antipasti. Zudem ist auch noch die Stimmung angenehm und das Preis-Leistungs-Verhältnis stimmt. Tutto bene! Es wird ein täglich wechselndes Lunchmenü serviert.
eppendorfer weg 87, telefon: 040 4015853, geöffnet: mo-sa 7.00-19.00,
preis: mittagessen 5 €, u-bahn: christuskirche

(8) Wenn die Zahl der Leute mit rosa Schachteln auf der Straße zunimmt, ist die **Käppchen Kuchen Company** nicht mehr weit. Der fröhliche Laden macht allein schon mit seinem verführerisch süßen Duft und der bonbonrosa Einrichtung glücklich. Und wenn man dann noch die Cupcakes probiert ... Sie können Ihre Lieblingskombination frei wählen, zum Beispiel mit frischer Himbeerfüllung und Vanille-Zuckerguss.
eppendorfer weg 99, www.kaeppchenkuchen.net, telefon: 040 24014642,
geöffnet: di-sa 10.00-19.00, so 14.00-18.00, preis: cupcake 4,50 €,
u-bahn: christuskirche

(11) **Trific** ist das frische, einfache und liebevoll eingerichtete Restaurant von Chefkoch Oliver Trific, bekannter Gastrokritiker und Foodstylist. Er führt sein Restaurant mit viel Sorgfalt, und das schmeckt man auch. Zum Beispiel bei der gebratenen Scholle mit Brotsalat an Wildkräutern und Garnelen. Dazu ein deutscher oder österreichischer Wein. Terrific!
eppendorfer weg 170, www.trific.de, telefon: 040 21996927,
geöffnet: mo-sa 18.00-24.00, preis: 18 €, u-bahn: hoheluftbrücke

(12) Seit sieben Jahren ist die **Eppendorfer Grill-Station** Kulisse für die beliebte WDR-Serie "Dittsche: Das wirklich wahre Leben". Hier trinkt der arbeitslose Olli Dittrich jeden Tag im Bademantel sein Bier und nervt den Besitzer mit seinen abstrusen Theorien. Seitdem hat die Imbissbude Kultstatus, und die Fans stehen tatsächlich im Bademantel vor der Tür. Jeden Tag gibt es ein wechselndes Mittagsgericht, Klassiker sind Currywurst und Grillhähnchen. Alles ist superfrisch, denn - so sagt der Besitzer selbst - ohne Qualität gibt's keinen Kult!
eppendorfer weg 172, www.eppendorfer-grillstation.de,
telefon: 040 42326809, geöffnet: mo-fr 11.00-21.00, sa 12.00-20.00,
so 15.00-21.00, preis: 5,90 €, u-bahn: hoheluftbrücke

(14) Das **Café Leckerei** ist bei den Muttis der Nachbarschaft und ihrem Nachwuchs äußerst beliebt. Die Kinder toben auf dem gegenüber liegenden Spielplatz, Mama genießt Kaffee und Kuchen oder ein leckeres Mittagessen, das von mediterraner und deutscher Küche inspiriert ist. Die junge türkische Eigentümerin macht alles selbst und ist noch dazu supernett.
eppendorfer weg 240, www.cafe-leckerei.de, geöffnet: mo-fr 8.30-18.00,
preis: 4,50 €, u-bahn: eppendorfer baum

(15) Selbst spricht man vorsichtig vom "vielleicht besten Eis der Welt", doch damit hat die **Eiszeit** sicher Recht. Das Angebot ist riesig und es gibt gewagte Geschmackskombinationen wie Amadeus (dunkle Schokolade, Marzipan und Pistaziensoße) und Peanutbutter Jelly (Erdnussbutter mit Himbeersoße): ein Gedicht.
falkenried 47, www.eiszeit-eis.de, telefon: 040 404434,
geöffnet: täglich febr. & okt.-nov. 12.00-18.00, märz-apr. 18.00-21.00,
mai-sept. 18.00-22.00, preis: kugel 0,90 €, u-bahn: eppendorfer baum

⑲ Köstliches Sushi gibt es im **ONO**, dem zweiten japanischen Restaurant des Fernsehkochs Steffen Henssler. Durch die minimalistische Einrichtung kann es schon mal etwas laut werden, denn schalldämpfende Gardinen und Teppiche wären hier auch fehl am Platz. Neben Sushi und Sashimi stehen auch Fleisch- und Fischgerichte sowie vegetarische Mahlzeiten auf der Karte. Von der Terrasse aus schaut man auf den Isebekkanal. Im Sommer ist das ONO der Hotspot von Eppendorf.

lehmweg 17, www.onobysteffenhenssler.de, telefon: 040 88171842,
geöffnet: mo-sa 12.00-15.00 & 18.00-23.00, preis: 16 €,
u-bahn: hoheluftbrücke

(22) Am Wochenende stehen die Kunden vor dem **Petit Café** bis auf die Straße für eine Portion Streuselkuchen an. Drinnen das Paradies: Die Bleche bilden auf der Theke einen bunten Kuchenteppich, die Einrichtung erinnert an Omas gute Stube und der Kaffee wird noch ganz altmodisch in Kännchen serviert. Wenn man ein Plätzchen zwischen den antiken Möbeln gefunden hat, stellt sich die Frage: Apfel, Himbeere, Rhabarber oder doch lieber Pflaume?

hegestraße 29, telefon: 040 4605776, geöffnet: mo-fr 9.30-19.00, sa-so 10.00-19.00, preis: stück kuchen 2,50 €, u-bahn: eppendorfer baum

(31) Verwundert reibt sich der Passant die Augen, wenn das chinesische Restaurant mit Teegarten **Lü Bolang** auftaucht. Der chinesische Märchenpalast - eine Nachbildung des Yu-Yuan-Teehauses in Schanghai - liegt nämlich gut versteckt in einer ruhigen, noblen Wohnstraße. Die Gerichte wie Zitronenhuhn und Dim Sum werden authentisch zubereitet. Das Timing ist nicht immer perfekt, aber die tolle Atmosphäre entschädigt dafür.

feldbrunnenstraße 6, telefon: 040 416226988, geöffnet: mo-fr 11.00-15.00 & 18.00-22.00, sa-so 11.30-22.00, preis: 26 €, u-bahn: hallerstraße

(34) Der Kaffee, zubereitet von einem echten Barista, ist ein Highlight, und die Kuchen sind einfach unwiderstehlich. Doch das trendige **Café Leonar** bietet auch eine multikulturelle Speisekarte, die der jüdische Eigentümer selbst zusammenstellt. Hier lassen sich Künstler und Schriftsteller unter anderem mit Tchoutchouka (Rührei mit Paprika) verwöhnen.

grindelhof 59, www.cafeleonar.de, telefon: 040 41353011, geöffnet: mo-do 8.00-24.00, fr 8.00-1.00, sa 9.00-1.00, so 9.00-23.00, preis: cappuccino 2,60 €, tchoutchouka 5,80 €, u-bahn: hallerstraße

(35) In der urgemütlichen literarischen **Mathilde Bar** kann man in aller Ruhe auf altmodischen Sofas ein gutes Buch lesen. Um 18.30 Uhr wird im Barbereich der Startschuss für die Happy Hour gegeben. Dann strömen die Gäste herbei: Studenten, Anwohner und Kinogänger. Mehrmals wöchentlich finden Poetry-Slams und andere Veranstaltungen statt.

bornstraße 16, www.mathilde-hh.de/mathilde-bar, telefon: 040 41495384, geöffnet: mo-fr ab 11.00, sa-so ab 18.30, happy hour 18.30-21.00, preis: cocktail zur happy hour 4,50 €, u-bahn: hallerstraße

PONYBAR ㊲

㊲ Tagsüber ist die **Ponybar** ein Studentencafé mit dem Flair eines Siebzigerjahre-Wohnzimmers, in dem man auch frühstücken oder eine Suppe schlürfen kann. Am Abend trinkt, schwatzt und flirtet hier ein viel gemischteres Publikum, doch die Preise bewegen sich auch dann auf Studentenniveau. Häufig legen DJs auf oder es werden Ausstellungen und Poetry-Slams organisiert.

allendeplatz 1, www.ponybar.de, telefon: 040 428387895,
geöffnet: mo-sa ab 9.00, so ab 10.00, preis: flasche bier 2,20 €,
u-bahn: hallerstraße

Shoppen

(2) Wer etwa nach altem Silberbesteck, einem schönen Gemälde oder einem Nachtschrank sucht, kann bei **Zinnober** wunderbar durch Einrichtungssachen stöbern, die mit gutem Geschmack ausgewählt wurden. Im Laden wird auch Tee verkauft, z. B. der Abendruhe-Tee, passend zum Nachtschränkchen.
weidenstieg 16, telefon: 040 4918485, geöffnet:
mo-fr 10.00-13.00 & 15.00-19.00, sa 11.00-14.00, u-bahn: christuskirche

(4) Die Boutique **Bloom** verführt mit Damenkleidung, Schuhen und Accessoires und macht geradezu kaufsüchtig. Schon die Schaufenster haben magnetische Wirkung. Bloom verkauft viele nordeuropäische Marken wie Hoss, By Marlene Birger und The Baand.
eppendorfer weg 56, www.bloom-hamburg.de, telefon: 040 43179984,
geöffnet: mo-mi & fr 11.00-19.00, do 11.00-20.00, sa 11.00-16.00,
u-bahn: christuskirche

(5) Schon die prächtigen Decken im **Palais XIII** sind einen Besuch wert. Hier gibt es exklusive Einrichtungsobjekte, schönes Geschirr und Wohn-accessoires aus aller Welt. Die Inhaberin hat im Souterrain ihr Atelier.
henriettenweg 13, www.palais13.de, telefon: 040 33986226,
geöffnet: mo-fr 11.00-18.00, sa 11.00-16.00, u-bahn: christuskirche

(9) Der bunte Laden **Wolkenstürmer** bietet "Kites & Coffee". Hier bekommt man alles für den Drachensport, von tollen Kites bis hin zu Buggys und Boards zum Kitesurfen, aber auch ausgefallene Gadgets, Accessoires, Damenmode von Freesoul und Billabong sowie Kaffeespezialitäten.
osterstraße 20, www.wolkenstuermer.de, telefon: 040 43272393,
geöffnet: mo-fr 10.00-19.00, sa 10.00-14.00, u-bahn: osterstraße

(10) In ihrem "süßen" Laden bäckt Julie ihre Minikuchen, hauptsächlich für Hochzeiten und Betriebsfeiern. **Julies Cakes** ist voller bunter Süßigkeiten aus den unterschiedlichsten Ländern. Sie verkauft auch Dekomaterial, damit man selbst loslegen und herrliche bunte Kuchen backen kann.
eppendorfer weg 158, www.julies-cakes.de, telefon: 040 51907241,
geöffnet: di-fr 11.00-18.30, sa 10.00-14.00, u-bahn: hoheluftbrücke

⑬ **Burg's Teeladen** ist die Teeversion der Kaffeerösterei 252 in der nahe gelegenen Löwenstraße. Beide Läden entführen einen in eine Pippi-Langstrumpf-Welt: Die hohen Holzregale sind vollgestopft mit Köstlichkeiten aus aller Welt. Mittendrin Tee, Kaffee und alles, was so dazugehört.
eppendorfer weg 240, www.kaffeeroesterei-burg.de, telefon: 040 4200610, geöffnet: mo-fr 8.00-19.00, sa 8.00-18.00, u-bahn: hoheluftbrücke

⑯ Kochbegeisterte aufgepasst: Der Küchentempel **Cucinaria** hat das größte Sortiment an Küchenutensilien und -geräten in ganz Deutschland - mit über 6000 Produkten, vom Austernmesser bis zur Espressomaschine. Es werden auch Kochkurse, Kaffee und Mittagessen angeboten.
straßenbahnring 12, www.cucinaria.de, telefon: 040 43290707, geöffnet: mo-fr 10.00-19.00, sa 10.00-18.00, u-bahn: hoheluftbrücke

⑰ In ihrem hellen, erfrischenden Laden **Milchmädchen Design** verkauft die Architektin Irina Hultzsch limitierte Auflagen von Produkten, die mit ihren charakteristischen Zeichenmännchen bedruckt sind. Außerdem gibt es handgefertigte Einrichtungsgegenstände von jungen internationalen Designern zu bewundern (und zu kaufen).
lehmweg 47, www.milchmaedchen-design.de, telefon: 040 83981022, geöffnet: di-fr 11.00-19.00, sa 11.00-16.00, u-bahn: eppendorfer baum

⑱ **Herzallerliebst** ist ein typischer Mädchenladen. Es wird viel Deko verkauft wie Kerzen, Schleifen und Kissen, aber auch Babysachen. Außerdem gibt es Lederportemonnaies, Taschen und Accessoires von ChiChiFan. Alles scheint uns zuzuflüstern: "Kauf mich!" Wer kann da schon widerstehen?
lehmweg 32, www.herzallerliebst.chichifan.com, telefon: 040 43275802, geöffnet: mo-fr 11.00-18.30, sa 10.00-16.00, u-bahn: eppendorfer baum

⑳ Im Innenhof geht's die Holztreppe hinauf in den siebten Wohnhimmel von **7. Zimmer**. Es überrascht uns eine überwältigende Sammlung gebrauchter und antiker Sachen, von Wasserkannen und Krügen bis hin zu Heiligenbildchen und Vogelnestern. Alles lässt sich in einem Schwung gar nicht bewältigen. Darum Kaffeepause einlegen und dann weitergucken ...
hegestraße 28 (laden), 7 (schauraum), telefon: 040 4272290, geöffnet: mo 18.00-19.00, di-fr 11.00-18.00, sa 11.00-16.00, u-bahn: eppendorfer baum

㉑ Im Laden des Hamburger Labels **FKK** findet man innovative Damen- und Herrenmode, deren Designer zugleich die Eigentümer des Ladens sind. Ihr Lieblingsentwurf für die Dame ist das bequeme Jerseykleid, das es in vielen Variationen gibt. Männer finden hier lässige Anzüge in guter Qualität. Ein buchstäblich anziehendes Geschäft.
hegestraße 21, www.fkk-fashion.de, telefon: 040 46009041,
geöffnet: mo-fr 11.00-19.00, sa 11.00-17.00, u-bahn: eppendorfer baum

(23) Ein Paradies für Schokoholics: **Schokovida** ist Laden und Café zugleich, in dem herrliche Schokoladentafeln aus aller Welt regelrecht darauf warten, uns zu verführen. Die eine dick und sahnig, die andere dünn und würzig. Es wird auch selbstgemachtes Schokoladeneis verkauft, unter anderem in den Geschmacksrichtungen Trüffel und Praline. Purer Genuss.

hegestraße 33, www.schokovida.de, telefon: 040 87870808,
geöffnet: mo-fr 10.00-19.00, sa 10.00-16.00, u-bahn: eppendorfer baum

(24) Die Eigentümerin Viola Fuchs kommt aus einer "Kräuterfamilie" mit einer sehr langen Tradition. In ihrer kulinarischen Schatzkammer **Viola's** verkauft sie über zweihundert verschiedene Kräuter, diverse Ingwerarten, Öl, Essig, Nüsse, exotische Trockenfrüchte, Pasta und Linsen in allen nur denkbaren Farben und Formen.

eppendorfer baum 43, www.violas.de, telefon: 040 46072676,
geöffnet: mo-fr 10.00-19.00, sa 10.00-16.00, u-bahn: eppendorfer baum

(26) Da früher das Angebot an hochwertigen englischen Schuhen in Hamburg sehr begrenzt war, beschloss **Conrad Hasselbach**, sie selbst zu importieren. Dasselbe gilt für die gewagte Kombi aus rosafarbenen Tweedjacken und lila Cordhosen. Inzwischen hat er seinen eigenen Laden, in dem Jagdszenen die Wände schmücken und echte Dandys sich von Kopf bis Fuß einkleiden können.

jungfrauental 5, www.conradhasselbach.de, telefon: 040 43091313,
geöffnet: mo-fr 10.00-19.00, sa 10.00-16.00, u-bahn: klosterstern

(30) **Micklemas** verkauft nicht nur unverwüstliches Spielzeug, Kinderkleidung und originelles Allerlei, sondern auch schöne Tuniken für die Mamas. Diese können hier eine Tasse Kaffee im Wintergarten trinken, während sich der Nachwuchs mit den tollen neuen Spielsachen beschäftigt.

bei st. johannis 5, telefon: 040 45000264, geöffnet: mo-fr 10.00-19.00,
sa 10.00-16.00, u-bahn: hallerstraße

(33) **Jimmy.** - "First-class drinks & secondhand clothes" - ist im ganzen Stadtteil Rotherbaum ein Begriff. Beim Stöbern in den Schnäppchen serviert Inhaber Jimmy den Kunden einen guten Wein oder einen Kaffee sowie den neuesten Tratsch aus der Gegend. Mit dem Getränk in der Hand geht es direkt weiter in die benachbarte Schuhbar von Lynn (*www.lynnsschuhbar.de*), die u. a. Schuhe von Vagabond und Hub verkauft.

hartungstraße 20, www.jimmyhamburg.de, telefon: 040 71664955, geöffnet: mo-fr 12.00-20.00, sa 11.00-14.00, u-bahn: hallerstraße

100% there

① Das **Kaifu-Bad** (Abkürzung von Kaiser-Friedrich-Ufer) mit Holztribüne und zehn Meter hohem Sprungturm war 1936 Hamburgs erstes Warmwasser-Freibad. Inzwischen sind die Kaifu Lodge mit Fitnessclub und Saunalandschaft sowie ein kleineres Außenbad hinzugekommen, das ganzjährig geöffnet ist.
hohe weide 15, www.baederland.de, telefon: 040 188890,
geöffnet: mai-aug. mo-fr 9.00-24.00, sa-so 10.00-23.00, eintritt: 5,10 €,
u-bahn: christuskirche

㉕ Der **Isemarkt** erstreckt sich unter einer Eisenbahnbrücke und ist mit einer Länge von einem Kilometer Europas längster Markt. Dreihundert Stände mit (Öko-) Spezialitäten, Saisongemüse und Obst von Bauern aus der Umgebung machen den Einkauf fürs Abendessen zu einem richtigen Vergnügen.
isestraße, zwischen u-bahn-station hoheluftbrücke und eppendorfer baum,
geöffnet: di & fr 8.30-14.00, u-bahn: hoheluftbrücke, eppendorfer baum

㉘ Der 1,5 Kilometer lange **Alsterpark** eignet sich hervorragend zum Picknicken, Lesen oder Träumen - mit Blick auf Segelboote und Schwäne. In den weißen Holzstühlen kann man relaxt einen ganzen Nachmittag verbringen. Der Park ist herrlich zwischen der zauberhaften Alster und den weißen Luxusvillen der Botschaften gelegen. Tipp: Von der anderen Alsterseite aus kann man einen schönen Sonnenuntergang erleben.
am harvestehuder weg, zwischen krugkoppel und alte rabenstraße,
eintritt: frei, u-bahn: klosterstern, hallerstraße

㊱ Das Kino **Abaton** gehört zu den wenigen Lichtspielhäusern, in denen Filme im Original mit Untertiteln laufen. Die Säle sind gemütlich klein, und nach der Vorstellung kann man den Film in der Bar bei einem Wein noch einmal durchdiskutieren. Wer Hunger hat, kann sich vor oder nach der Vorstellung im Bistro an der Ecke stärken.
allendeplatz 3, www.abaton.de, telefon: 040 41320320,
geöffnet: mo-fr ab 14.30, sa ab 12.30, so ab 10.30, preis: kinokarte 7,50 €,
u-bahn: hallerstraße

ALSTERPARK ⑳

Eimsbüttel, Eppendorf, Harvestehude & Rotherbaum

SPAZIERGANG 4

Von der U-Bahn-Station Christuskirche links in den Weidenstieg, rechts liegt das Kaifu-Bad (1). Ein Stück weiter kann man shoppen (2) oder frühstücken (3). An der Kreuzung (4) noch kurz geradeaus in den Henriettenweg (5). Dann zurück, rechts in den Eppendorfer Weg (6) und dann weiter in die andere Richtung (7) (8). An der Kreuzung Osterstraße erst links abbiegen (9) und dann rechts gehen. Nach der Brücke links in den kleinen Park am Kaiser- Friedrich-Ufer. Links in die Bogenstraße und dann rechts in die Bismarckstraße. Dann nach links in die Gneisenaustraße. Am Eppendorfer Weg gibt's links einen leckeren Snack (10). Dann den Weg in die andere Richtung gehen (11) (12) (13) (14). Rechts durch den Falkenried (15) und dann die erste Straße rechts: Straßenbahnring. Den Ring ganz herumlaufen (16), bis Sie wieder am Falkenried sind. Dann nach links und die zweite Straße rechts nehmen, zwischen den Pfählen durch. Links gehen und dann wieder rechts auf den Eppendorfer Weg. Rechts in den Lehmweg (17) (18). Geradeaus gibt's köstliches Sushi (19), dann zurück in die Hegestraße (20) (21). Den Eppendorfer Baum für einen leckeren Streuselkuchen (22) oder für Schokolade (23) überqueren und dann wieder zurückgehen. Kurz noch nach rechts gehen (24) und dann auf der anderen Seite weiter über den Eppendorfer Baum. Unter der U-Bahn-Brücke ist dienstags und freitags Markt (25). Am Kreisverkehr kurz ins Jungfrauental (26), um dann in den Harvestehuder Weg einzubiegen (27). Links durch die vornehme Abteistraße und am Ende rechts in die Heilwigstraße einbiegen. Nach 100 Metern die Sackgasse links nehmen und durch den Park am Wasser entlangspazieren. Krugkoppel überqueren und weiter an der Alster entlang (28). Rechts am Café Alstercliff den Harvestehuder Weg nehmen, dort links und dann rechts in die Milchstraße (29). Den Mittelweg überqueren und am Kindergeschäft vorbei (30). Links in die Heimhuderstraße einbiegen und an der Binderstraße rechts. An der nächsten Kreuzung wartet eine Überraschung (31). Weiter bis zur Schlüterstraße, dann nach rechts (32). Links in die Hartungsstraße (33) und dann links in den Grindelhof einbiegen (34). Der Spaziergang endet am Allendeplatz (35) (36) (37).

5

Das Angebot an Bars und Clubs macht Ottensen zum neuen Hotspot des Nachtlebens. Das Publikum ist jung, individuell, kunstinteressiert und ein bisschen öko. Große Rainstraße, Ottenser Hauptstraße und Friedensallee sind die schönsten Straßen von Ottensen. Zwischen Bars und Cafés gibt es hier auch ausgefallene Läden und nette Restaurants zu entdecken. Ottensen hat auch ein nettes Einkaufszentrum, Mercado, das in der Ottenser Hauptstraße direkt am Bahnhof Altona liegt.

An schönen Tagen macht sich ganz Ottensen zum Elbstrand auf, der im südlichen Teil des Viertels mit Sandstrand und Strandbar lockt. Hier kann man herrlich in der Sonne liegen, abhängen und lesen. Doch die Lieblingsbeschäftigung der Hamburger scheint derzeit das Grillen zu sein. Während die Würstchen über dem Feuer brutzeln, zieht ein gigantisches Containerschiff nach dem anderen vorbei: ein toller Anblick. Schwimmen ist erlaubt, doch wegen der starken Strömung sollte man vorsichtig sein.

6 Insider-Tipps

Altonaer Fischmarkt

Sonntags früh das
Marktspektakel erleben.

CafeBar Amphore

Frühstücken mit
Panoramablick.

Fisch & So

Eine köstliche Fischsuppe
schlürfen.

Altonaer Balkon

Den Sonnenuntergang
genießen.

Mikkels

Kaffee trinken wie bei
Freunden.

Kaufmannsladen

Himmlischen
Kakaokuchen probieren.

- Sehenswürdigkeiten
- Shoppen
- Essen & Trinken
- 100% there

Sehenswürdigkeiten

④ Die **Hafenstraße** hat eine bewegte Vergangenheit hinter sich. In den Achtzigern wurde sie zum rechtsfreien Gebiet ausgerufen, es kam zu Hausbesetzungen, Straßenbarrikaden und später Räumungen. Die bunt bemalten Häuser erinnern noch an diese Zeit, und Initiativen wie Park Fiction und der Golden Pudel Club zeigen, dass die alternative Szene noch immer lebendig ist.
st. pauli hafenstraße, s-bahn: reeperbahn, u-bahn/s-bahn: landungsbrücken

⑫ Das **Altonaer Museum** ist das größte Regionalmuseum Deutschlands. Es vermittelt die Kulturgeschichte des 19. und 20. Jahrhunderts in Hamburg und Umgebung. Die feste Sammlung umfasst Gemälde, Grafiken und Handwerk, zusätzlich finden Wechselausstellungen statt. Das Altonaer Museum ist zwar nicht so bekannt ist, aber sehr sehenswert.
museumstraße 23, www.altonaermuseum.de, telefon: 040 4281353582, geöffnet: di-so 10.00-17.00, eintritt: 6 €, s-bahn: königstraße, altona

⑬ Der **Stuhlmannbrunnen** ist ein imposantes Bauwerk auf dem Platz der Republik. Günther Ludwig Stuhlmann schenkte dem Stadtteil 1869 das Geld, um diesen großen Brunnen errichten zu lassen. Zwei Zentauren winden sich um einen riesigen Fisch, einer von ihnen scheint die Kontrolle zu verlieren und alle kämpfen um ihr Leben. Drumherum versuchen verschiedene kleine Wasserbewohner zu helfen. Die Figurengruppe ist eine Allegorie auf den früheren Streit um den Fischfang, der zwischen Hamburg und dem damals eigenständigen Altona immer wieder aufloderte.
platz der republik, s-bahn: königstraße, altona

Essen & Trinken

③ In der **CafeBar Amphore** trifft man sich vor allem zum Frühstück. Mit Jazzmusik im Hintergrund genießt man auf der Terrasse der höher gelegenen Hafenstraße einen traumhaften Panoramablick. Drinnen sorgen schummrige Beleuchtung und niedrige Decken für eine gemütliche Atmosphäre. Hier starten Sie perfekt in Ihren Hamburg-Tag.
st. pauli hafenstraße 140, www.cafe-amphore.de, telefon: 040 3179880, geöffnet: täglich ab 10.00, preis: frühstück 7 €, s-bahn: reeperbahn, u-bahn/s-bahn: landungsbrücken

⑥ **Zum Schellfischposten** ist die älteste Seemannskneipe der Stadt. Ideal, um sich nach dem Fischmarktbesuch ein schnelles Astra zu gönnen. Die Kneipe ist auch Kulisse für die musikalische Talkshow "Inas Nacht". Außer Bier gibt es auch einfache, aber gut belegte Brötchen.
carsten-rehder-straße 62, www.schellfischposten.de, telefon: 040 383422, geöffnet: mo-sa ab 12.00, so ab 7.00, preis: sandwich 3 €, s-bahn: königstraße

⑧ Fernsehkoch Steffen Henssler, Absolvent der Sushi Academy in Los Angeles, kehrte nach Hamburg zurück, um mit seinem Vater das **Henssler & Henssler** zu eröffnen. Im großen Sushi-Restaurant mit angesagter Fabrikatmosphäre kombinieren sie klassische japanische Küche mit internationalen Einflüssen der Cuisine Pacifique. So gibt es moderne Sushi-Varianten und Fisch vom Grill, alles originell serviert. Sashimi "on the rocks" kommt beispielsweise auf einer Schale mit Eiswürfeln daher. Das Essen ist so gut, dass man noch tagelang davon schwärmt.
große elbstraße 160, www.hensslerhenssler.de, telefon: 040 38699000, geöffnet: mo-sa 12.00-15.00 & 18.00-23.30, preis: 21 €, s-bahn: königstraße

⑨ Eine spektakuläre Einrichtung ist im **Fisch & So** nicht zu erwarten: Hier geht es ganz basic zu und alles dreht sich um leckeren Fisch. Wie wär's mit einem butterzarten Pannfisch mit Bratkartoffeln oder einer grandiosen Fischsuppe?
große elbstraße 117, telefon: 040 3893109, geöffnet: täglich 11.00-17.30, preis: 6 €, s-bahn: königstraße

MIKKELS ⑳

⑩ Versteckt im Grünen und einen Steinwurf vom fast gleichnamigen Aussichtspunkt entfernt liegt die Kneipe mit Biergarten **Altonas Balkon**. Hier ist es einfach großartig: Weitab vom Trubel, in einem über der Elbe gelegenen Park, genießt man unter Bäumen an einem der vielen Holztische ein kühles Bier und die tolle Aussicht auf den Hafen. Ein idyllisches Stück Hamburg.
palmaille 41, www.altonas-balkon.de, telefon: 040 54806690,
geöffnet: di-so 12.00-18.00 (bei schönem wetter auch länger),
preis: bier 3,50 €, s-bahn: königstraße

(15) Im **Gasthof Möhrchen** wird mit Saisonprodukten direkt vom Bauern gekocht. Die hausgemachten Rillettes und Patés sind göttlich. Die Einrichtung ist einfach, hat aber Stil. Sehr empfehlenswert.
spritzenplatz 4, www.gasthof-moehrchen.de, telefon: 040 41358174, geöffnet: mo-sa 12.00-24.00, preis: 17 €, s-bahn: altona

(17) Moderne Schweizer Küche in zwanglosem Ambiente. **Schweizweit** ist Delikatessenladen und Restaurant in einem. Im schön renovierten Souterrain fängt man morgens mit Kaffee und einem Schweizer Müsli an. Zum Mittag- und Abendessen stehen Perlhuhn, Kalbsnierchen oder ein klassisches Käsefondue zur Auswahl. Fehlen eigentlich nur noch die Berge ...
große rainstraße 20, www.schweizweit.de, telefon: 040 39907000, geöffnet: täglich 10.00-24.00, preis: 16 €, s-bahn: altona

(19) Sehen und gesehen werden heißt es im trendigen Café **Knuth**. Morgens Treffpunkt für junge Eltern, abends Relaxzone nach einem langen Arbeitstag. Das Frühstück ist sehr zu empfehlen, eine Reservierung ebenso.
große rainstraße 21, www.cafeknuth.de, telefon: 040 46008708, geöffnet: mo-sa ab 9.00, so 10.00-20.00, preis: frühstück 7 €, s-bahn: altona

(20) Im skandinavisch anmutenden **Mikkels** fühlt man sich wie bei Freunden zu Hause. Es gibt Kaffee, Scones und Minikuchen, der frisch aus der Küche kommt. Die Designermöbel, auf denen man sitzt, und all die anderen hübschen Dinge kann man auch direkt kaufen.
kleine rainstraße 10, www.mikkels.de, telefon: 040 76995072, geöffnet: di-fr 8.00-17.00, sa 9.00-17.00, preis: kuchen ab 1 €, s-bahn: altona

(23) Im hell eingerichteten Café der **Torrefaktum Kaffeerösterei** gibt es herrlich frischen Kaffee mit Aussicht auf die Röstmaschinen und die Holzkisten mit frisch gerösteten Bohnen. Auch die Kissen auf den groben Holzbänken erinnern daran, dass sich hier alles um Kaffee dreht: Sie bestehen aus alten Kaffeesäcken. Die leeren Jutesäcke werden auch zum Verkauf angeboten, falls sich jemand selbst Kissenbezüge nähen möchte.
bahrenfelderstraße 237, www.torrefaktum.de, telefon: 040 298126310, geöffnet: mo-fr 10.00-18.00, sa 11.00-15.00, preis: tasse kaffee 2,50 €, s-bahn: altona

(27) Tagesüber kann man im **Aurel** noch in aller Ruhe Kaffee trinken, aber ab 18.00 Uhr wird es unglaublich voll. Die guten und günstigen Getränke sind nämlich beim Ottenser Publikum äußerst beliebt. Einen Versuch wert: das köstliche Bier "Große Freiheit". Die dunkle, retro-barocke Einrichtung schafft eine gemütliche Atmosphäre. Es gibt auch romantische Nischen für den Abend zu zweit. Drinnen ist kein Platz mehr? Macht nichts, die Altonaer sitzen auch draußen auf dem Bürgersteig. Tipp: Einmal die Toilette aufsuchen, dort erklingen Walfischgesänge.

bahrenfelderstraße 157, telefon: 040 3902727,
geöffnet: so-do 11.00-3.00, fr-sa 11.00-5.00, happy hour täglich ab 21.00,
preis: cocktail zur happy hour 5 €, s-bahn: altona

(30) Während die Waschmaschine läuft, lässt man sich den Cocktail schmecken. Oder man macht es sich auf der Turnmatten-Liegewiese im Innenhof bequem. Das relaxte **Laundrette** ist Waschsalon und Café in einem. Von Donnerstag bis Samstag legen DJs auf und es wird zwischen Waschmaschinen und Trocknern getanzt.

ottenser hauptstraße 56, www.laundrette.de, telefon: 040 51908243,
geöffnet: mo-fr 8.00-1.00, sa-so ab 8.00 (waschen täglich 8.00-21.00),
preis: cocktails 18.00-22.00 5 €, s-bahn: altona

(32) Die lange Schlange im Sommer sagt alles: Der kleine Eissalon **Eisliebe** hat das beste Eis von ganz Ottensen. Es wird täglich mit viel Liebe und frischen Früchten zubereitet. Zimt-Pflaumen-Eis – unwiderstehlich lecker.

bei der reitbahn 2, telefon: 040 39808482, geöffnet: täglich 11.00-20.00,
preis: kugel 0,80 €, s-bahn: altona

(36) Das gemütlich-stilvolle Restaurant **Kleine Brunnenstraße 1** versteckt sich in einem ruhigen Wohngebiet. Hier werden herrliche Saltimbocca und Seebarbe mit Auberginen-Cashew-Mus serviert. Es ist immer voll, aber das ist typisch für Ottensen: viele Freunde, wenig Platz. Die schöne Terrasse wird auch gerne von Anwohnern genutzt, die selbst keinen Balkon haben.

kleine brunnenstraße 1, www.kleine-brunnenstrasse.de,
telefon: 040 39907772, geöffnet: mo-sa 12.00-15.00 & ab 18.00, so ab 18.00,
preis: 16 €, s-bahn: altona

㊲ **TIDE Treibholz & Feinkost** bietet genau das, was es verspricht: Treibholz und Feinkost. Zum Beispiel Bio-Himbeerquark, ein Brötchen mit Ziegensalami oder hausgemachtes Pesto. Im Raum neben dem toll gestalteten Cafébereich ist das Treibholzdesign des Inhabers Frank Walbeck zu bewundern (und zu kaufen).
rothestraße 53, www.tide.dk, telefon: 040 41111499,
geöffnet: mo-fr 8.00-18.00, sa 10.00-16.00, preis: sandwich 3,50 €,
s-bahn: altona

Shoppen

(5) Exklusives Design findet man im **Stilwerk**. In der renovierten, ehemaligen Malzfabrik werden auf 11000 Quadratmetern und sieben Etagen über dreihundert innovative Einrichtungsmarken präsentiert. Luxussofas von Bretz, Lampen von Tobias Grau und der Flagship-Store der italienischen Marke Kartell. Hier kann man locker einige Stunden zubringen.
große elbstraße 68, www.stilwerk.de, telefon: 040 30621100,
geöffnet: mo-fr 10.00-19.00, sa 10.00-18.00, s-bahn: königstraße,
u-bahn/s-bahn: landungsbrücken

(7) Dickes Portemonnaie mitnehmen oder die Hände festbinden: Im **Werkhaus Fashion** gibt es nationale und internationale Labels für sie und ihn. Verkauft wird unter anderem RIKA, Schiesser Revival, Raf Simons, Maison Martin Margiela, Helmut Lang, American Vintage und Lala Berlin.
große elbstraße 146, www.werkhaus-fashion.de, telefon: 040 38616122,
geöffnet: mo-fr 12.00-20.00, sa 11.00-20.00, so 13.00-18.00 (kein verkauf),
s-bahn: königstraße

(14) Bei **Herzberg** lässt es sich zwischen den vielen schönen Dingen nach Herzenslust stöbern. Die fünf Eigentümerinnen haben alle ein eigenes, besonderes Talent: Die eine malt, die anderen machen Hüte, Möbel, Schmuck und Blumendekorationen. Inspirierende Damen, gemütliche Stimmung, unwiderstehliche Meisterwerke.
erzbergerstraße 29, www.h-erzberg.de, telefon: 040 52594263,
geöffnet: mo-fr 11.00-19.00, sa 11.00-16.00, s-bahn: altona

(16) **Werkhaus** fertigt fröhliche, durchdachte, nachhaltige und ökologische Produkte. Grundlage sind in die Deutschland hergestellten "Bausteine" aus Sperrholz, die auf Wunsch mit einem eigenen Foto bedruckt werden können. Daraus werden dann zum Beispiel Hocker oder Taschentuchboxen gebaut, alles ganz ohne Schrauben. Handlich verpackt und somit ideal für den Koffer.
große rainstraße 13, www.werkhaus.de, telefon: 058 249550,
geöffnet: mo-sa 11.00-19.00, s-bahn: altona

031

044

NEUE HOCKER KEHREN GUT!

(18) Auf der Suche nach raffinierter und dennoch ökologischer Kleidung? Die Fair-Trade-Designermode von **Maygreen** ist schön und umweltfreundlich. Es gibt auch bekannte Modelabels wie Filippa K.

große rainstraße 17, www.maygreen.de, telefon: 040 39109900, geöffnet: mo-fr 11.00-19.00, sa 11.00-17.00, s-bahn: altona

(21) Gewürze, Tee, Öl, frisch gebackenes Brot, Müsli zum Zusammenstellen und Geschirr: Der **Kaufmannsladen** ist einer dieser Läden, den man nicht mit leeren Händen verlässt. Der Kakaokuchen, beliebter Mittagsnachtisch für Büroangestellte aus der Umgebung, ist einfach himmlisch. Ein Drama, wenn er schon vor dem Mittag ausverkauft ist, erzählt der Besitzer.

bahrenfelderstraße 203, www.kaufmannsladen.de, telefon: 040 4904792, geöffnet: mo-fr 8.00-19.00, sa 9.00-18.00, s-bahn: altona

(24) In einem idyllischen Hinterhof verkauft **Königreich** Einrichtungsgegenstände mit französischem Pfiff. Die knallbunten, süßen Macarons in der Küche, die französischen Chansons aus dem Lautsprecher und eine Citroen-Ente mitten im Laden sorgen für echtes Frankreich-Flair.

friedensallee 26 (innenhof), www.koenigreich-hamburg.de, telefon: 040 89070709, geöffnet: mi-sa 12.00-18.00, s-bahn: altona

(26) Süß duftet es aus dem bunten **Bonscheladen**. Bonsche ist Hamburgisch für "Bonbon", und genau die werden in diesem Laden sehr verführerisch angeboten. Jeden Tag um 16.15 Uhr und samstags um 14.30 Uhr wird vorgeführt, wie aus einem großen Klumpen Zucker Hunderte kleiner Süßigkeiten entstehen. Unbedingt mal reinschauen!

friedensallee 12, www.bonscheladen.de, telefon: 040 41547567, geöffnet: di-fr 11.00-18.30, sa 11.00-16.00, s-bahn: altona

(28) **Vergissmeinnicht** liegt in einem kleinen Innenhof hinter der Ottenser Hauptstraße. In dem niedlichen Kindergeschäft findet man eine nostalgisch-klassische Mischung aus Spielzeug und Baby- und Kinderkleidung. Für kleine Matrosen und Seemänner gibt es Klamotten mit maritimem Touch.

ottenser hauptstraße 44 (innenhof), www.vergissmeinnicht-hamburg.de, telefon: 040 29812593, geöffnet: mo-fr 10.00-18.00, sa 11.00-16.00, s-bahn: altona

MAYGREEN (18)

(29) Hier wird klar, wo die Ottenser Künstler ihr Material kaufen: In der **Druckwerkstatt Ottensen** gibt es alles rund ums Papier. Außerdem finden Schöngeister ein ganzes Sortiment an Designstücken wie Geschirr, Filzuntersetzer und andere hübsche Sachen. Ein inspirierender Laden.

ottenser hauptstraße 44-48, www.druckwerkstatt-ottensen.de, telefon: 040 3986360, geöffnet: mo-fr 10.00-19.00, sa 10.00-16.00, s-bahn: altona

(31) An dieser unauffälligen Schatzkammer läuft man schnell mal vorbei. **Heimat** beherbergt Tausende ausgefallener Geschenkideen, die sich nicht so leicht unter einen Nenner bringen lassen. Von Kappen und Sattelbezügen über Geschirr bis hin zu Streichholzschachtelkunst - hier gibt es vieles zu entdecken. Und alles wird auch noch schön kreativ verpackt.

große brunnenstraße 70, telefon: 0162 1900980, geöffnet: mi-fr 12.00-18.00, di & sa 11.00-15.00, s-bahn: altona

(33) Wie der Name schon vermuten lässt, ist die Mode von **L'Ephemere** französischen Ursprungs. Damenkleidung von Sessùn oder Accessoires von Virginie Monroe - man muss nicht nach Paris, um en vogue zu sein!

bei der reitbahn 3, telefon: 040 39190880, geöffnet: mo-fr 11.00-19.00, sa 11.00-17.00, s-bahn: altona

(34) Haben der Michel oder der Hamburger Hafen schon Ihr Herz erobert? Im **Atelier Nigoh** gibt es moderne, erschwingliche Gemälde von Hamburgs Sehenswürdigkeiten sowie Silhouetten der Stadt, festgehalten auf Leinwand. Ein perfektes Souvenir.

eulenstraße 62, www.nigoh.de, telefon: 040 65796995, geöffnet: di-fr 11.00-12.30 & 13.30-19.00, sa 11.00-16.00, s-bahn: altona

(35) Lust auf ein Stück England? Dann ist das kleine britische Kaufhaus **Sweet Suburbia** genau richtig. Dort finden Sie typisch englische Marken: Kleidung von Ben Sherman und Pringle of Scotland, Kosmetik von Woods of Windsor und Lebensmittel wie Marmite, Lemon Curd und Hampstead Tea.

eulenstraße 49, www.sweetsuburbia.de, telefon: 040 42102640, geöffnet: mo-fr 11.00-19.00, sa 11.00-16.00, s-bahn: altona

DRUCKWERKSTATT OTTENSEN ㉙

100% there

① Der **Altonaer Fischmarkt** ist ein Muss für Frühaufsteher und Nachteulen. Am Sonntagmorgen ab fünf Uhr (im Winter ab sieben) verwandeln sich die Fischauktionshallen und der Kai in einen bunten Marktplatz. Fischhändler wetteifern mit schreienden Gemüseverkäufern, und Marktleute verkaufen alles Mögliche. Tausende Touristen mit verschlafenen Augen mischen sich mit Partygängern, die gerade von der Reeperbahn kommen. In den Hallen spielt eine fröhliche Coverband, Menschen trinken Bier an langen Tischen und verdrücken Fischbrötchen. Ein einzigartiges Spektakel.
große elbstraße 9, www.hamburg.de/fischmarkt,
geöffnet: apr.-okt. 5.00-9.30, nov.-märz 7.00-9.30, eintritt: frei,
fähre: anlegestelle fischmarkt, s-bahn: reeperbahn, bus: 112

② **Park Fiction** ist mit seinen Metallpalmen und der herrlichen Aussicht eine grüne Oase. Der Park ist als Gemeinschaftsprojekt von Anwohnern und Künstlern in St. Pauli entstanden und liegt am Ufer der Elbe an der Grenze zwischen Altona und St. Pauli. Sonne und ein paar Schiffe, mehr braucht man hier nicht. Auch Biker und Skater schauen gern mal vorbei.
ecke antonistraße/bernhard-nocht-straße, www.parkfiction.org,
eintritt: frei, u-bahn/s-bahn: landungsbrücken, s-bahn: st. pauli

⑪ Boulespieler und Grillfreunde treffen sich auf dem **Altonaer Balkon**, dem schönsten Aussichtspunkt von Altona. Der Blick geht über den ganzen Hafen, in der Ferne sieht man sogar die 54 Meter hohe Köhlbrandbrücke. Gegenüber liegt das Bürogebäude Dockland der Architekten Bothe, Richter & Teherani, das an einen Schiffsbug erinnert.
palmaille, eintritt: frei, s-bahn: königstraße

㉒ Wer den Mainstream meiden will, dem sei die **Fabrik** empfohlen, eine der bedeutendsten Hamburger Konzertbühnen. Die schöne alte Maschinenfabrik hat mehrere Etagen und Balkons rund um den Konzertsaal. Internationale Rock-, Jazz- und Klassikkonzerte finden hier statt, aber auch Theaterproduktionen und Debatten. Im Winter ist sonntags Flohmarkt.
barnerstraße 36, www.fabrik.de, telefon: 040 391070,
geöffnet: je nach programm, s-bahn: altona

ALTONAER FISCHMARKT ①

㉕ Die ehemalige Schiffsschraubenfabrik Theodor Zeise wurde 1988 zu einem Kulturzentrum umgebaut. Im Inneren lohnt sich ein Blick auf die rustikale Industriearchitektur. Die **Zeise-Kinos** mit den drei Sälen bilden den Kern des Kulturzentrums. Drumherum liegen Galerien, ein schickes Restaurant und das gemütliche Café-Restaurant Filmhauskneipe. Ideal für einen langen Kinoabend. *friedensallee 7-9, www.zeise.de, telefon: 040 3908770, geöffnet: mo-fr 15 minuten vor der 1. vorstellung, sa-so 30 minuten vor der 1. vorstellung, preis: kinokarte 7,50 €, s-bahn: altona*

Altona & Ottensen

Die Fähre zum Fischmarkt nehmen (1). Dann ein Stück zurück Richtung Stadt über die Große Elbstraße und an der Fußgängerbrücke die Treppe hoch (2). Hier gibt's Frühstück mit dem besten Blick auf die Stadt (3) (4). Zurück über die Große Elbstraße (5). Den Fischmarkt verpasst? Dann gibt's etwas weiter rechts leckere Fischbrötchen (6), direkt neben Hamburgs ältesten Treppen. Zwei Treppen hinauf und über den unbefestigten Weg links nach unten (7). Rechts kommt ein vornehmes Sushi-Restaurant (8) und links gibt's einfache, aber leckere Fischsuppe (9). Die Straße am Restaurant Marseille nehmen und die Treppe bis ganz nach oben. Dann links herum durch den Park (10) zum allerschönsten Aussichtspunkt (11). Zur großen Straße gehen und links vom weißen Altonaer Rathaus in die Betty-Levi-Passage einbiegen, die in die Museumstraße übergeht (12). Rechts auf dem Platz der Republik steht ein historischer Brunnen (13). Nach links zur Braunschweigerstraße und dann rechts in Am Felde einbiegen. An der Ecke bei Fisch links in die Erzbergerstraße (14). Auf dem Spritzenplatz (15) ist dienstags und freitags Biomarkt. Den Platz überqueren, in die Große Rainstraße einbiegen (16) (17) (18) (19) und links durch die Kleine Rainstraße (20). Am Ende rechts in die Bahrenfelderstraße (21). An der Kreuzung Barnerstraße liegt rechts das beliebte Kulturzentrum Fabrik (22). Einen Abstecher zur Kaffeerösterei geradeaus machen (23). Dann zurück in die Barnerstraße und links in die Friedensallee (24) zu den schönen Zeise-Kinos (25) oder um etwas Süßes für unterwegs zu kaufen (26) bzw. gemütlich Kaffee zu trinken (27). Geradeaus durch die Bahrenfelderstraße. Am Ende rechts in die Ottenser Hauptstraße, wo hübsche Läden und gemütliche Cafés liegen (28) (29) (30). Links in die Große Brunnenstraße einbiegen (31) und gegenüber ein leckeres Eis essen (32) (33). Links in die Eulenstraße, um stilvolle Souvenirs (34) und typisch englische Produkte (35) zu kaufen. Schließlich gegenüber durch die Rothestraße (36) (37). Der Spaziergang endet in der Ottenser Hauptstraße, wo einem gemütlichen Ottenser Abend nichts mehr im Wege steht.

Ein gemischteres Publikum als auf dem Kiez gibt es nirgendwo sonst. Neben zwielichtigen Gestalten, Horden von Touristen und aufgedrehten Jugendlichen feiert hier auch das hippe Hamburg. Der Hamburger Berg mit urgemütlichen Tanzkneipen ist sehr beliebt, und auf der Reeperbahn sind neben Sexshops auch gute Clubs und Cocktailbars zu finden. Zum Schanzenviertel hin ist die Wohlwillstraße ein Magnetpunkt, mit alternativ-trendigen Läden, Cafés und Bars. Das Publikum ist kreativ und politisch engagiert, das Straßenbild leicht chaotisch und voller Street-Art und Graffiti.

Nicht nur auf der Reeperbahn, auch in Hamburgs Containerhafen, dem drittgrößten Hafen Europas, herrscht rund um die Uhr Betrieb. Vom Aussichtspunkt an der Jugendherberge ist der Urwald aus Kränen und Containern gut zu überblicken. Zwischen Landungsbrücken und Michel liegt das portugiesische Viertel mit vielen kleinen Restaurants. Auf den Landungs-brücken wimmelt es von Touristen, die zu einer Hafenrundfahrt oder zum Schiff-Spotting kommen. Weiter westlich liegt der Alte Elbtunnel, dahinter säumen hippe Strandläden das Elbufer.

6 Insider-Tipps

St. Michaeliskirche

Den Turm von Hamburgs Wahrzeichen erklimmen.

Alter Elbtunnel

Den historischen Tunnel unter der Elbe erkunden.

Lockengelöt

Witziges Design aus Gebrauchtgegenständen kaufen.

BeatlesMania

Sich mit "Hamburger" Poplegenden fotografieren lassen.

Toast Bar

In der coolsten Bar von St. Pauli einkehren.

Imbiss bei Schorsch

Eine Kult-Currywurst essen.

 Sehenswürdigkeiten

Shoppen

 Essen & Trinken

 100% there

Sehenswürdigkeiten

(1) Hamburg hat viele versteckte Innenhöfe. Besonders schön ist der des barocken **Beyling-Stifts** von 1751. 1971 wurden die monumentalen Fassaden des massiven Backsteinbaus und der umliegenden Fachwerkhäuser restauriert, seitdem steht das Gebäude unter Denkmalschutz.
eingang an der neanderstraße 25, geöffnet: innenhof frei zugänglich, u-bahn: rödingsmarkt, st. pauli

(2) Die barocke **St. Michaeliskirche**, liebevoll "Michel" genannt, ist das Wahrzeichen Hamburgs und mit ihrem 132 Meter hohen Turm an vielen Stellen in der Stadt sichtbar. Doch auch die Aussicht vom Turm ist atemberaubend. Die Treppe ist eine interessante Alternative zum Aufzug, denn sie erlaubt einen Blick auf den Mechanismus der riesigen Turmuhr (mit einem Durchmesser von acht Metern die größte Deutschlands).
englische planke 1, www.st-michaelis.de, telefon: 040 37678100, geöffnet: kirche nov.-apr. 10.00-17.30 (turm bis mindestens 21.00), mai-okt. 10.00-19.30 (turm bis mindestens 23.00), eintritt: kirche gratis, turm 4 €, u-bahn: rödingsmarkt, st. pauli

(4) Gut versteckt in einem Hof, gleich neben dem Michel, liegen die **Krameramtswohnungen**. Dieser Teil der Altstadt blieb wie ein Wunder vom Brand 1842 verschont. Die Kaufmannsgilde ließ diese Fachwerkhäuser einst für Kaufmannswitwen erbauen. Heute befinden sich hier nostalgische Läden, Cafés und Restaurants.
krayenkamp 10, www.hamburg.de/krameramtsstuben, telefon: 040 35042360, geöffnet: di-so 10.00-17.00, eintritt: 1 €, u-bahn: rödingsmarkt, st. pauli

(6) Hier schlägt das Herz der Stadt: Die **Landungsbrücken** sind nicht nur Verkehrsknotenpunkt, sondern auch die touristische Attraktion Nummer eins. Sie bestehen aus Pontons von 700 Metern Länge, die 1910 gebaut wurden und als Anlegestege für Dampfschiffe dienten. Jetzt legen hier Ausflugsschiffe und Fähren an und ab. Das große Gebäude mit den zwei Kuppeln war früher die Empfangshalle. Der ideale Ort zum Schiff-Spotting.
landungsbrücken, u-bahn/s-bahn: landungsbrücken

⑨ ALTER ELBTUNNEL

⑨ Der 426,5 Meter lange **Alte Elbtunnel** war 1911 die erste Flussuntertunnelung Europas. Heute ist es ein nostalgisches und sehenswertes Stück Hamburger Geschichte, das zu Fuß durchquert werden kann. Autos dürfen auch noch durch den Tunnel fahren und werden mit einem Lift nach unten befördert. Von der anderen Seite aus ist der Panoramablick auf die Stadt einfach fantastisch.

bei den st. pauli-landungsbrücken 6, telefon: 0172 5132383,
geöffnet: für fußgänger/radfahrer täglich durchgehend geöffnet,
für kraftfahrzeuge mo-fr 5.30-20.00, eintritt: fußgänger/radfahrer frei,
kfz 2 €, u-bahn/s-bahn: landungsbrücken

(13) Hinter den hohen Toren, die Passanten die Sicht versperren, liegt die **Herbertstraße**, die "verbotene Bordellstraße". Die Sichtblenden wurden 1933 von den Nazis angebracht, als Prostitution streng verboten war, und bis heute nicht mehr entfernt. Neugierige Frauen haben in dieser Straße nichts zu suchen: Sie werden mit Flüchen, Spucken und Wassereimern weggejagt.
herbertstraße, s-bahn: reeperbahn, u-bahn: st. pauli

(16) Hamburg ist stolz auf "seine" Beatles, die hier "erwachsen" geworden sind. Das Museum **BeatleMania** erinnert an diese Zeit. Es zeigt eine bunte Sammlung von Alben, Filmen, Bandaufnahmen und Fanartikeln. Sogar das nachgebaute Manager-Büro kann man sich hier ansehen. Ein paar Meter vom Museum entfernt steht das Beatles-Denkmal auf dem Beatles-Platz. Auf dem Platz befindet sich ein Kreis von zwanzig Metern Durchmesser, der eine LP symbolisiert. Die fünf Stahlfiguren (mit Stuart Sutcliffe) sehen ein bisschen wie menschliche Kuchenformen aus, doch man kann sich prima hineinstellen und fotografieren lassen.
nobistor 10, www.beatlemania-hamburg.com, telefon: 040 85388888, geöffnet: täglich 10.00-19.00, eintritt: museum 12 €, s-bahn: reeperbahn

(17) Die **Große Freiheit** verdankt ihren Namen der einst dort herrschenden religiösen und handwerklichen Freiheit, als die Straße noch nicht zu Hamburg, sondern zur freien Stadt Altona gehörte. Sie ist die berühmte Seitenstraße der Reeperbahn mit dem Beinamen "Geile Meile": Es wimmelt nur so von Stripclubs wie dem Dollhouse. Nummer 39 war früher der Starclub, wo die Beatles ihre ersten Auftritte hatten, bevor sie berühmt wurden.
große freiheit, s-bahn: reeperbahn, u-bahn: st. pauli

(29) Der **Spielbudenplatz** ist von alters her ein Ort des Vergnügens. Hier sind die Kulttheater Schmidts Tivoli und St. Pauli Theater zu Hause, ebenso Deutschlands bekanntestes Polizeirevier, die Davidswache. Es stehen auch zwei Freiluftbühnen auf dem Platz, auf dem jeden Mittwoch von 16.00 bis 23.00 Uhr der St. Pauli Nachtmarkt stattfindet. Auch Hamburgs berühmteste Tankstelle, Esso Reeperbahn, die eine eigene Single herausgebracht hat, ist hier zu finden, ferner auch das gigantische Erotikkaufhaus Boutique Bizarre.
reeperbahn, zwischen davidstraße und beim trichter, www.spielbudenplatz.eu, u-bahn: st. pauli

Essen & Trinken

③ Gegenüber dem Michel liegt **Old Commercial Room**. Das Restaurant ist zwar touristisch, aber dennoch empfehlenswert. Hier gibt es viel zu sehen: Die Wände hängen voll mit Fotos von deutschen Sängern, Schauspielern und Seefahrerlegenden. Manche Tische stehen in Nischen wie auf einem Schiff. Das legendäre, traditionelle Labskaus kann vor Ort verspeist oder in Dosen mit nach Hause genommen werden.
englische planke 10, www.oldcommercialroom.de, telefon: 040 366319, geöffnet: täglich 12.00-24.00, preis: 20 €, u-bahn: rödingsmarkt, st. pauli

⑩ Zwischen Palmenblättern hindurch beobachten, wie ein gigantisches Containerschiff vorbeifährt: ein ganz besonderes Erlebnis. Im **StrandPauli** völlig normal! Diese Strandbar, die sonntags ein herrliches Frühstück anbietet, ist die wahrscheinlich coolste am Elbstrand. Kein Schickimicki, sondern wohltuend entspannt. Und die Aussicht ... phänomenal!
st. pauli hafenstraße 89, www.strandpauli.de, telefon: 0175 2261518, geöffnet: mo-do 12.00-23.00, fr-sa 12.00-24.00, so 10.00-23.00, preis: frühstück 9 €, u-bahn/s-bahn: landungsbrücken

⑫ Eines der besten und zugleich bestgetarnten italienischen Restaurants Hamburgs ist das **Cuneo**. Von außen sieht es wirklich nicht sehr ansprechend aus, aber drinnen entpuppt es sich als stilvolles und gemütliches Restaurant mit interessantem Publikum aus der kreativen Szene (das Schmidts Tivoli Theater ist um die Ecke). Reservieren ist allerdings unverzichtbar!
davidstraße 11, www.cuneo1905.de, telefon: 040 312580, geöffnet: mo-sa 17.45-1.00, preis: 11 €, u-bahn/s-bahn: landungsbrücken, s-bahn: reeperbahn

⑭ Ein bisschen seltsam, aber durchaus nett: Die kitschige, grün-rosa eingerichtete Bar **Hasenschaukel** ist in St. Pauli eine Institution. Die Atmosphäre ist gemütlich, und besonders die Konzerte sind empfehlenswert. Fast jeden Abend stehen junge Bands, Singer-Songwriter und DJs (hauptsächlich Indie, Soul, Punk) auf dem Programm.
silbersackstraße 17, www.hasenschaukel.de, telefon: 040 18012721, geöffnet: mi-sa ab 21.00, preis: bier 2,50 €, s-bahn: reeperbahn

HOMBRES

SENORITAS

⑲ TARTERIE

⑮ Partycrashing in der **3-Zimmer-Wohnung**: In dieser Bar fühlt man sich sofort wie auf der Geburtstagsparty eines Kumpels. Hier stehen Sofas, eine Tischtennisplatte und im Schlafzimmer ein Doppelbett. Im Nachtschrank ist sogar eine PlayStation versteckt. Wie bei einer echten Party ist die Küche der Ort des Geschehens. Dort befindet sich - logischerweise - auch die Bar. *talstraße 22, www.drei-zimmer-wohnung.de, telefon: 0160 90361519, geöffnet: täglich ab 20.00, im sommer ab 21.00, preis: bier 2,50 €, s-bahn: reeperbahn*

(18) Preisgekrönte Cocktails in unprätentiösem Ambiente nippen? Das geht im **Luba Luft**. Trotz des bekannten Barkeepers Benny Braun, Vizeweltmeister im Cocktailmixen, ist die Bar alles andere als snobbish. Die Einrichtung ist echter Flohmarkt-Schick, die Preise sind moderat und zu jedem Getränk gibt es ein erfrischendes Glas Gurkensaft. Die KIEZ Cocktailnacht donnerstags ist besonders zu empfehlen.
am brunnenhof 2-4, www.lubaluft.de, telefon: 0176 48194332, geöffnet: di-mi ab 19.00, do-sa ab 20.00, preis: cocktail ab 6,50 €, s-bahn: reeperbahn

(19) Im freundlich-hellen Restaurant genießt der Besucher auf alten Gartenstühlen Flammkuchen, Salate, Torten und hausgemachte Limonade. Der junge Inhaber und Koch der **Tarterie** arbeitet mit Produkten vom Markt, am liebsten direkt aus Hamburg. Jeden Sonntag um 20.15 Uhr wird beim Tatort gemeinsam der Mörder geraten.
paul-roosen-straße 31, www.tarterie-stpauli.de, telefon: 0178 4072593, geöffnet: mo-mi 8.00-18.00, do-fr 8.00-22.00, sa-so 10.00-22.00, preis: stück kuchen 3,10 €, s-bahn: reeperbahn

(20) Die **Weinstube Krug** ist ein Weinlokal mit guter Speisekarte. Wie wäre es mit bayerischem Schweinebraten oder Merguez mit Couscous und Harissa-Crème, oder für den kleinen Hunger Brot mit verschiedenen Wurst- und Käsesorten? Dieser Ort mit der zusammengewürfelten Einrichtung und der entspannten Atmosphäre ist in St. Pauli sehr beliebt. Das Publikum kann manchmal etwas laut werden. Wein macht glücklich, das spürt man hier.
paul-roosen-straße 35, www.krug-hamburg.de, telefon: 0151 14075934, geöffnet: mo-sa ab 18.00, preis: 14 €, s-bahn: reeperbahn

(22) Das leicht kitschige, kleine Restaurant **Kuchnia** hat eine übersichtliche Speisekarte mit osteuropäischen Spezialitäten. An einem der wenigen Tische mit fluoreszierenden Tischdecken schmecken zum Beispiel Russische Eier mit Kaviar oder hausgemachte Pelmeni (gefüllte Teigtaschen), dazu ein Granatapfelsaft aus Kasachstan oder ein polnisches Bier.
talstraße 67, www.kuchnia-hamburg.de, telefon: 040 8226125, geöffnet: mo-fr ab 12.00, sa-so ab 15.00, preis: mittagessen 6,50 €, s-bahn: reeperbahn

Kaffee, Tee + Kakao aus kontrolliert biologischem An... ...tauer Säfte aus ökolog
und fair gehandelt (mit Biomilch o. Soja)   ...pfel, Orange|Traube, Rhabarber
Espresso/doppelt/verlängert ...1,⁶⁰ / 2,²⁰ / 1,⁹⁰   als Schorle ... 0,2 1,⁹⁰
Latte Macchiato /groß / to Go ... 2,³⁰ / 2,⁸⁰ / 2,⁰⁰   Frisch gepr. Orangensaft / Saf...
Cappuccino/Cortado...2,²⁰/1,⁷⁰   Extra Soja 0,³⁰   Shake Banana/Mango/...

(23)

(36)

(23) **Kaffee Stark** ist ein echtes Wohwillstraßen-Café und wie die Straße selbst für seine relaxte, alternativ-hippe Atmosphäre bekannt. Mit Kaffee oder Rhabarberschorle und einem Biosnack lässt sich hier wunderbar eine Pause vom Sightseeing einlegen.
wohlwillstraße 18, www.kaffeestark.de, telefon: 040 67382060,
geöffnet: täglich ab 10.00, preis: mittagessen 6 €, u-bahn: feldstraße

(25) Den ganzen Winter über heißt es: Warten auf St. Paulis bestes Eis. Und dann, im Frühling, schmeckt es besonders gut. In dem kleinen Souterrain von **Die Eisheiligen** gibt es günstiges und superleckeres Eis.
wohlwillstraße 28, geöffnet: märz-okt. täglich 12.00-20.00,
preis: kugel 0,70 €, u-bahn: feldstraße

(26) Als wäre die Zeit stehen geblieben: **H. Rönnfeld** ist eine altmodische Konditorei, in der die steinalte Inhaberin noch immer hinter der Theke steht und ihre selbstgemachten Brötchen und Kuchen verkauft. Die Wahl fällt fürchterlich schwer. Unbedingt probieren sollte man das Franzbrötchen, eine typische Hamburger Leckerei: ein süßes Brötchen mit Zimt oder Schokolade.
hein-hoyer-straße 52, www.hochzeitstorten-hamburg.de,
telefon: 040 313536, geöffnet: mo-fr 6.30-13.00 & 14.00-18.00,
sa 6.30-16.00, so 6.30-14.00, preis: franzbrötchen 1 €,
u-bahn: feldstraße, st. pauli

(27) Nirgendwo sonst ist das Frühstücksbüfett so lecker und so günstig. Deshalb ist das **Café MAY** auch der Liebling der Hamburger. Insgesamt gibt es sieben Filialen, das Café in St. Pauli liegt jedoch am zentralsten. Die Stimmung ist immer gut, hier gönnen sich die Besucher noch schnell einen Drink, bevor es auf den Kiez zum Abfeiern geht.
hein-hoyer-straße 14, www.may-cafebar.de, telefon: 040 33398838,
geöffnet: so-do 7.00-1.00, fr-sa 7.00-3.00 (frühstücksbüfett ab 9.00),
preis: frühstücksbüfett 4,80 €, s-bahn: reeperbahn

(32) Für einen guten Burger, eine Currywurst oder Pommes kommen Jung und Alt, Arm und Reich, St.-Pauli-Fan und HSV-Anhänger in die **Kleine Pause**, eine Imbissbude mit Fußball im Fernsehen und leckeren, günstigen Snacks, die von lautstarken Bedienungen in weißen Schürzen serviert werden.
wohlwillstraße 37, www.kleine-pause.de, telefon: 040 4301403,
geöffnet: mo-do 8.00-3.00, fr 8.00-5.00, sa 9.00-5.00, so 9.00-2.00,
preis: snack 3,50 €, u-bahn: feldstraße

(33) Die **Toast Bar** ist total basic und vielleicht deshalb so cool. Überall stehen Erdnüsse herum, die Schalen wirft man einfach auf den Boden. Hier gibt es neben vielen verschiedenen Whiskysorten auch original bayerisches Augustinerbier und Tannenzäpfle aus dem Schwarzwald. Die Anwohner sind sehr stolz auf diese Bar - zu Recht.
wohlwillstraße 54, www.toast-bar.de, telefon: 040 43182339,
geöffnet: täglich ab 20.00, preis: bier 3 €, u-bahn: feldstraße

(34) **Nil** ist ein Klassiker: ein wunderbares Restaurant in einem ehemaligen Kaufhaus mit vier Räumen auf verschiedenen Ebenen. Die Einrichtung ist eine Mischung aus Fünfzigerjahre-Schick und modernem Design, das Essen kann als hochwertiges, mediterranes Crossover bezeichnet werden. Sonntags gibt es unter anderem das Projekt Abendbrot: ein 3-Gänge-Überraschungsmenü für 18 Euro.
neuer pferdemarkt 5, www.restaurant-nil.de, telefon: 040 4397823,
geöffnet: mi-mo 18.00-22.30,
preis: 19 €, überraschungsmenü an sonntagen 18 €, u-bahn: feldstraße

(36) Schon seit 1963 treffen sich Promis und Normalbürger im **Imbiss bei Schorsch**, um Currywurst mit Kartoffelsalat zu essen. Ein Imbiss mit Kultstatus. Der kleine Laden ist für seine selbstgemachte scharfe Tomatensauce bekannt (ein Geheimrezept). Unbedingt probieren!
beim grünen jäger 14, www.imbiss-bei-schorsch.de, telefon: 040 43091925,
geöffnet: mo-fr 10.30-1.30, sa 12.00-1.30, preis: snack 2,30 €,
u-bahn: feldstraße

Shoppen

(5) Für echte Hamburgfans ist **The Art of Hamburg** ein Muss. Geschirr, Kissen, T-Shirts, Strampler und Kunstdrucke in limitierter Auflage wurden von örtlichen Designern mit Hamburg-Motiven bedruckt.
ditmar-koel-straße 19, www.the-art-of-hamburg.de, telefon: 040 41424419, geöffnet: mo-sa jan.-febr. 10.00-18.00, märz-dez. 10.00-20.00, u-bahn/s-bahn: landungsbrücken

(21) Das junge Label **dekoop** designt bezahlbare Produkte für Leute, die sich sowohl im Alltag als auch bei der Arbeit gerne mit schönen Dingen umgeben. Hier gibt's praktische, stilvolle Gegenstände. Die Klassiker sind der Heimat-schlüsselanhänger und die Smartphonehüllen aus Filz sowie das Stadtlicht (ein Teelichthalter mit der Skyline der Stadt).
paul-roosen-straße 28, www.dekoop.de, telefon: 040 40167587, geöffnet: mo-fr 10.00-18.00, s-bahn: reeperbahn, u-bahn: st. pauli

(24) Recyceln auf hohem Niveau: Der Re-Designshop **Lockengelöt** zaubert aus gebrauchten Gegenständen neue Produkte. Zum Beispiel eine zur Lampe umgebaute Waschmaschinentrommel oder eine Obstschale aus LPs.
wohlwillstraße 20, www.lockengeloet.com, telefon: 040 89001326, geöffnet: mo-fr 11.00-19.00, sa 11.00-16.00, u-bahn: feldstraße

(28) **Strips & Stories** ist ein Laden voller Comics und Bildromane, es gibt aber auch eine Ecke mit schönen Büchern zu Kultur, Politik, Kunst, Hamburg und St. Pauli. Das Herumstöbern macht hier richtig Spaß. Der Laden zieht viele kreative Leute an, ab und zu finden auch Partys oder kleine Auftritte statt.
seilerstraße 40, www.strips-stories.de, telefon: 040 38074009, geöffnet: di-fr 12.00-20.00, sa 13.00-19.00, s-bahn: reeperbahn

(30) Same shit. Different belt. **Wechselwild** verkauft Gürtel, deren Motiv auf der Schnalle nach Belieben gewechselt werden kann. Der hippe Laden hat auch bedruckte T-Shirts und Bilder im Sortiment.
simon-von-utrecht-straße 67, www.wechselwild.com, telefon: 0177 2897086, geöffnet: mo-mi & fr 11.00-18.00, do 11.00-20.00, sa 14.00-18.00, u-bahn: st. pauli

35 Die **Pension für Produkte** überrascht mit einem kreativen Sortiment an Wohnaccessoires, Geschenkartikeln und Lampen von Industriedesignern und Architekten. Meistens sind es Entwürfe für Küche und Bad, die mit viel Witz entstanden sind, zum Beispiel ein zur Duschhaube umgestaltetes Make-up-Täschchen.

neuer pferdemarkt 32, www.pensionfuerprodukte.com,
telefon: 040 38038972, geöffnet: mo-fr 11.00-19.00, u-bahn: feldstraße

100% there

(7) Die **Große Hafenrundfahrt** ist der Klassiker unter Hamburg-Neulingen. Auf den Landungsbrücken kämpfen viele Reedereien lauthals um die Gunst der Touristen. Barkassen-Meyer zum Beispiel bietet traditionelle und englischsprachige Touren an. Die Standard-Hafenrundfahrt dauert eine Stunde und führt Sie durch Speicherstadt und Hafencity. Bei der XXL-Version wird an die Tour noch der Containerhafen drangehängt.

landungsbrücken, brücke 2, www.barkassen-meyer.de, telefon: 040 3177370, geöffnet: täglich 9.30-17.00, preis: 14 €, u-bahn/s-bahn: landungsbrücken

(8) Hier muss man unbedingt gewesen sein, auch wenn ein bisschen Klettern dazugehört: Der **Aussichtspunkt auf dem Stintfang** ist einfach ein bezaubernder Ort. Hier liegen Ihnen Hafen und Landungsbrücken regelrecht zu Füßen.

alfred-wegener-weg 5 (bei jugendherberge auf dem stintfang), u-bahn/s-bahn: landungsbrücken

(11) Wie wäre es mit einem Besuch in der **20up Skybar**? Die Cocktailbar befindet sich im 20. Stock des Empire Riverside Hotels. Der Ausblick über den Hamburger Hafen ist spektakulär. Perfekt entspiegelte Fenster an drei Seiten, und man vergisst alles um sich herum. Na ja, nicht ganz: Der "Cocktail with a view" ist nämlich auch nicht zu verachten.

bernhard-nocht-straße 97, www.empire-riverside.de, telefon: 040 311190, geöffnet: täglich 18.00-2.00, preis: cocktail 10 €, s-bahn: reeperbahn

(31) In einem Hinterhof liegt das Wohnzimmerkino **B-Movie**. Es macht keine Werbung und wird ehrenamtlich betrieben. Das Programm ist abwechslungsreich und kulturell - mit vergessenen Klassikern, Filmen für Gehörlose und Dokumentarfilmen am Dienstag.

brigittenstraße 5, www.b-movie.de, telefon: 040 4305867, geöffnet: ab der ersten vorstellung, preis: kinokarte 3,50 € (+ eventuell eine freiwillige spende), u-bahn: feldstraße

St. Pauli

Von der U-Bahn-Station St. Pauli, Ausgang Heiligengeistfeld, auf den Millerntornplatz. Schräg vor Ihnen liegt das Bismarck-Denkmal. Links in die Neanderstraße und den Innenhof ansehen ①. Zurückgehen und geradeaus in die Englische Planke ②. Um die Kirche herum ③ in den Krayenkamp und bei Nummer 10 in die Gasse einbiegen ④. Ein Stück zurückgehen, dann links die Treppe hinunter und rechts in die Ditmar-Koel-Straße ⑤ bis zum Wasser ⑥. Einen Blick auf den Hafen werfen ⑦. Landratten gehen rechts die grüne Treppe hinauf, über die Brücke und links weiter nach oben ⑧. Zurück nach unten gehen, an der Kreuzung links halten ⑨. Bei Sommerwetter ab auf die Terrasse an der Strandbar ⑩. Sonst die Straße überqueren und dem schmalen Fußweg folgen, dann im 20. Stock die Aussicht genießen ⑪. Weiter durch die Davidstraße ⑫ ⑬. Links in die Friedrichstraße, geradeaus über den Hans-Albers-Platz, benannt nach dem berühmten Schauspieler und Sänger, der 1960 starb. Die Balduinstraße entlang, bis sie zur Silbersackstraße wird ⑭. Dann bis zur Reeperbahn. In der Talstraße gegenüber liegt eine nette Adresse fürs Abendprogramm ⑮. Links hinunter zum Beatles-Platz ⑯ und in die Große Freiheit ⑰. Durch die Paul-Roosen-Straße, dann kurz nach links ⑱ ⑲ ⑳ ㉑ und dann in die andere Richtung zum polnischen Lokal ㉒. Dann links in die Wohlwillstraße ㉓ ㉔ ㉕. Am kleinen Platz rechts abbiegen und gleich wieder rechts in die Hein-Hoyer-Straße ㉖ ㉗. An der Seilerstraße nach links ㉘ und dann rechts in die Detlev-Bremer-Straße. Auf der Reeperbahn nach links ㉙. Am Hotel Imperial links in die Kleine Seilerstraße, danach links in die Simon-von-Utrecht-Straße ㉚. Rechts in die Detlev-Bremer- Straße, an der Annenstraße links und Sie kommen wieder zum kleinen Platz, dort geht es in die Brigittenstraße ㉛. Zurückgehen und links in die Wohlwillstraße ㉜ ㉝. Am Platz stilvoll zu Abend essen ㉞ oder gegenüber großartiges Design bestaunen ㉟. Nicht vergessen: Im Imbiss bei Schorsch ㊱ einen echten Kult-Snack probieren.

(P) Mit der Fähre nur eine Station vom Fischmarkt entfernt liegt der **Elbstrand**. Zehen in den Sand und abschalten! Hier gibt es eine gute Auswahl an Restaurants mit Terrassen, doch noch schöner ist es, es wie die Hamburger zu machen und den Strand entlang bis zur Strandperle (*www.strandperle-hamburg.de*) oder zum Strandkiosk zu laufen. Schon seit den Siebzigerjahren sind diese beiden netten Strandbars "the place to be". Lust auf einen Spaziergang oder eine Radtour? Der Weg oben führt bis Blankenese, vorbei an tollen Häusern mit Veranden, viel Grün und Blick auf die Containerriesen auf der Elbe.
fähre: 62 neumühlen/övelgönne

(Q) Im alten Wasserturm mitten im Stadtpark liegt das **Planetarium**, eines der bedeutendsten Astronomiezentren Europas. Dort werden unter anderem spektakuläre 3-D-Simulationen, gut aufbereitete Dokumentationen und Projektionen des Sternenhimmels gezeigt: ein Erlebnis für Groß und Klein. Der Aussichtspunkt in über 42 Metern Höhe bietet einen herrlichen Blick über den Stadtpark, Hamburgs größten Park mit Naturbad, Grillwiesen, Sportplätzen, einem Freilufttheater und einem Biergarten.
hindenburgstraße (im stadtpark), www.planetarium-hamburg.de, telefon: 040 42886520, geöffnet: mo-di 9.00-17.00, mi-do 9.00-21.00, fr-sa 9.00-22.00, so 10.00-20.00, eintritt: 8,50 €, u-bahn: hudtwalckerstraße, borgweg

(R) Hügelige Wiesen, ein See, riesige Kastanienbäume und genügend Plätze zum Picknicken oder Abschalten. In den englischen Gärten des **Jenischparks** lässt es sich gut aushalten. Der Park liegt zwischen Hamburg und Blankenese, direkt am Wasser, und ist zu Fuß, mit dem Fahrrad oder mit öffentlichen Verkehrsmitteln erreichbar.
www.jenischparkverein.de, eintritt: frei, s-bahn: klein flottbek, bus: 15 baron-voght-straße, fähre: 64 teufelsbrück (via 62)

Ausgehen

(S) Auf und an der schillernden **Reeperbahn** wimmelt es nur so von Clubs. Doch sollte man ungefähr wissen, wo man hin will, um nicht im Angebot zu ersticken. Der Hamburger Berg ist eine Seitenstraße mit hippem Publikum und vielen Kneipen, von denen Rosi's Bar, Barbarabar und Parzelle die angesagtesten sind. Außerdem gibt es Clubs wie die riesige China Lounge (Nobistor 14), den Hörsaal und den Sommersalon (Spielbudenplatz 7 und 22) für Fans von Funk und Soul, den Neidklub für Hiphop-Freunde und den Baalsaal (beide Reeperbahn 25) mit Elektro-House-Musik.
reeperbahn, s-bahn: reeperbahn, u-bahn: st. pauli

(T) Der **Golden Pudel Club** erlangte in den Achtzigerjahren Berühmtheit als Undergroundclub. Das Holzhaus an der Elbe ist trotz des Zustroms von Touristen noch immer ein Treffpunkt der Subkultur und konnte sich seinen antikommerziellen und engagierten Charakter bewahren. Hier wird zu experimenteller Musik von internationalen Underground-DJs getanzt. Tagsüber trifft man sich - ganz traditionell - bei Kaffee und Kuchen.
st. pauli fischmarkt 27, www.pudel.com, telefon: 040 31979930, geöffnet: täglich ab 12.00, u-bahn/s-bahn: landungsbrücken, s-bahn: reeperbahn

(U) **Übel & Gefährlich** ist zwar nicht Hamburgs Club Nr. 1, doch ein Hochbunker als Location macht was her. Das Programm besteht aus einer bunten Mischung von Konzerten, Elektropartys, Hiphop-Blockpartys, Lesungen und Poetry-Slams. Der Club liegt in der obersten Etage, im Sommer lümmelt man auf der Dachterrasse herum und genießt die großartige Aussicht auf Hamburg by Night. Pflichtprogramm für Musikfreunde!
feldstraße 66, www.uebelundgefaehrlich.com, telefon: 040 0273877, geöffnet: so-do 18.00-2.00, fr-sa 18.00-5.00, u-bahn: feldstraße

(V) Im **Waagenbau** kommen Reggae-, Hiphop-, Elektro- und Technofans auf ihre Kosten. Der Club liegt am Rand des Schanzenviertels unter einer Eisenbahnbrücke. Getanzt wird drinnen unter den Brückengewölben, was für echtes Underground-Feeling sorgt.
max-brauer-allee 204, www.waagenbau.com, telefon: 040 24420509, geöffnet: mo-mi & fr-sa ab 23.00, s-bahn: holstenstraße, u-bahn/s-bahn: sternschanze

Ⓢ REEPERBAHN

(W) An der Grenze zwischen Schanzenviertel und St. Pauli liegt der Nachtclub **Mandalay**. Der Club macht für diese Gegend schon fast einen zu edlen Eindruck. Das Publikum ist jung und hip, die Decken sind extrem hoch und das Licht schimmert orange-rot. Es gibt eine kleine Tanzfläche mit Elektromusik und im hinteren Club-Bereich eine extra Lounge mit einer guten Auswahl an Gin, Whisky und Wodka.

neuer pferdemarkt 13, www.mandalay.tv, telefon: 040 43214922, geöffnet: mi-sa ab 20.00, u-bahn: feldstraße

(X) Der Musikclub **Grüner Jäger** ist irgendwie schrill. Im hölzernen Jagdhaus ist die Stimmung ungezwungen und fröhlich, am Wochenende stürmen Indie-, Hiphop- und Elektrofans die kleine Tanzfläche. Es gibt regelmäßige Clubabende wie Badtaste und den Revolver Club (Indie/Punk).

neuer pferdemarkt 36, www.gruener-jaeger-stpauli.de, telefon: 040 31814617, geöffnet: di-do ab 21.00, fr-sa ab 22.00, so ab 20.15, u-bahn: feldstraße

(Y) Bei **Frau Hedi's** wird auf einem der drei fahrenden Schiffe namens Claudia, Christa und Irma abgefeiert. Jedes bietet eine andere Musikrichtung, aber auf allen ist der Teufel los. Einmal pro Stunde wird angelegt, um dem Gleichgewichtssinn etwas Ruhe zu gönnen.

landungsbrücken, brücke nr. 10, www.frauhedi.de, telefon: 0176 83061071, geöffnet: abfahrt um 17.00, u-bahn/s-bahn: landungsbrücken

(Z) Alle lieben das **Schulterblatt**, denn hier immer etwas los. An Ausgehmöglichkeiten herrscht kein Mangel, man fällt von der einen netten Kneipe in die andere. Absolut zu empfehlen sind BP1 (Nummer 74), Daniela Bar (Nummer 86), Café Katze (Nummer 88), Die Herren Simpel (Nummer 75), Kulturhaus III&70 (Nummer 73), Saal II (Nummer 83) und Club le Fonque (Juliusstraße 33).

schulterblatt, u-bahn/s-bahn: sternschanze

Alphabetischer Index

Thematischer Index

transport

DIE 100% CITYGUIDES.

Ausführliche Informationen und aktuelle Tipps zu jedem Ziel finden Sie künftig auch auf unserer Homepage unter **www.100travel.de**.

100%
HAMBURG
Auf 6 Spaziergängen 100% Hamburg erleben.

GUIDE inklusive SMARTPHONE-APP
nur
€9,99

100%
ISTANBUL
Auf 6 Spaziergängen 100% Istanbul erleben.

GUIDE inklusive SMARTPHONE-APP
nur
€9,99

100%
LONDON
Auf 6 Spaziergängen 100% London erleben.

GUIDE inklusive SMARTPHONE-APP
nur
€9,99

100%
ROM
Auf 6 Spaziergängen 100% Rom erleben.

GUIDE inklusive SMARTPHONE-APP
nur
€9,99

100%
VENEDIG
Auf 6 Spaziergängen 100% Venedig erleben.

GUIDE inklusive SMARTPHONE-APP
nur
€9,99

100%
BARCELONA
Auf 6 Spaziergängen 100% Barcelona erleben.

SEHENSWÜRDIGKEITEN · MUSEEN · SHOPPEN
RESTAURANTS · ÜBERNACHTEN · AUSGEHEN

GUIDE + APP nur €9,99

Dieser 100 % Cityguide wurde mit größter Sorgfalt zusammengestellt.
Mo Media GmbH ist nicht verantwortlich für eventuelle inhaltliche Fehler.
Anmerkungen und/oder Kommentare können unter *www.100travel.de*
mitgeteilt oder an die unten stehende Adresse gerichtet werden.

mo media gmbh, betr.: 100% hamburg,
steinstraße 15, 10119 berlin
e-mail info@momedia.com

autor	simone smit
fotografie	marjolein den hartog
	foto s. 40: 'untitled' (marc brandenburg) und
	'che' (gavin turk), sammlung falckenberg
	foto nr. 7 stadtplan: mutterland
übersetzung	ulrike sawicki (für bookwerk)
lektorat	ulrike grafberger
schlussredaktion	tom seidel
konzeptgestaltung	studio 100%
gestaltung	mastercolors mediafactory
	hilden design, münchen
kartografie	van oort redactie en kartografie
100% hamburg	isbn 978-39-4350-202-2
	© mo media, berlin, märz 2012